# クロスボーダー宣言

――国際交流を担う地球市民たち

国際交流基金

鹿島出版会

# だから、地球市民はクロスボーダー宣言！
## ――まえがきにかえて

「毎朝、私はアラビア語と英語と日本語の新聞を読んでいるのですが、何がいま世界で起こっているのか、日本語の新聞を広げると一目でわかるんです」。

これは駐日スーダン大使の言葉です。アラビア語や英語の場合、文字づらを追わないと文脈がつかめない、でも日本語だと漢字かな混じりだから、一瞬にして意味をつかめるというのです。世界を股にかけて活躍している外交官ならば、「それくらい当然」と思われるかもしれません。

でも、皆さんの周りにも、そのような外国人がいらっしゃいませんか？　もしかしたら、言葉や生活様式は違うけれども、子どもが同じ学校に通い、町内会で同じ行事に参加し、同じスーパーマーケットで買い物をし、職場でも一緒に働く、そんな日本以外の国で生まれ、育った人たちが、いまの日本にはたくさん暮らしています。すでに多くの日本人が、仕事や勉強のために、国境を越えて、海外でも実際に暮らしているように――。

気がつけば日本国内各地で、多文化・多言語の生活が身近なものになっていて、国際交流や文化交流は、わざわざ海外に行ってするものではなく、すぐ身の回りの事象になっているのです。しかも興味深いことに、この現象は東京に集中しているものでもありません。むしろ日本国内各地で活発に、それぞれ特徴ある展開が広がってきています。

国際交流基金（ジャパンファウンデーション）は、このように国境を越えて、あるコミュニティで生活する（いま流行りの言葉でいえば、「共生」です）人たちの存在と、国内の人々の意識のなかで必要上生まれた「内なる国際化」の潮流をとらえ、二十年前の一九八五年に、「地域交流振興賞」という賞を創設しました。これは、国内でそれぞれの土地柄・特色を活かした国際文化交流事業や友好親善活動を展開している団体・個人を毎年三件ずつ選考し、さらに活発にその活動が展開されるようにという願いをこめて開始された顕彰事業です。

二十年目を迎えた二〇〇四年には、受賞件数が合計六一団体(一九九五年に理事長特別表彰として一件追加のため)となりました。この本は、これまでの六一団体のそれぞれの活動の軌跡を追いかけた記録にもなっています。彼らの活動が、すでに「地域」を越え、単なる「交流」を超え、さらには「振興」というわゆる国や行政側からの意思を超えたところで、このかけがえのない唯一の地球の市民として活動を展開していることがおわかりになると思います。そして、現実社会を見渡せば、私たちの社会にも、さまざまな種類のボーダー(境界線)を越えるさまざまな生活の営みがあるのです。

二〇〇五年、新たな次の二十年が始まるその年を記念して、ジャパンファウンデーションはこの賞の名称を「地球市民賞」と変えることにしました。二二回目にして、初めて一個人も受賞者として選考されました。もしかしたら海外の団体や民間企業、そしてこの本を手にとってくれたあなたも、未来の受賞対象者となるかもしれません。

この本の情報が、読者の方々の活動にとって、ある種のモデルやヒントとなれば幸いです。

だから、皆さんも一緒に参加しませんか。私たちは地球市民たちの「クロスボーダー宣言」を応援します。

二〇〇五年十二月

ジャパンファウンデーション情報センター

# クロスボーダー宣言──国際交流を担う地球市民たち

目次

装丁・本文組版　饗場千秋デザイン室

# 第一章　われらクロスボーダー

01 庄内国際交流協会

# 山形の庄内から、世界の庄内へ

留学生支援

## 海外からの花嫁を支援する山形県の政策

山形県では、ここ二十年ほどの間に農村部の人口が減少し、深刻な花嫁不足になったことから、海外に花嫁を募り、いまでは外国人登録の六割以上をこうした海外からの花嫁が占めるに至っています。

県は、文化庁の在住外国人のための日本語教育推進プロジェクトのモデル地区に指定されたこともあり、日本語教室を多く開設するなど、海外からの花嫁への支援活動に力を入れています。

その山形県の日本海側に面した、信仰の山として知られる出羽三山、月山、羽黒山、湯殿山、そして鳥海山を背後に控える地域が、庄内地方です。最上川の開口に開かれた港町、酒田市と平野南部の城下町、鶴岡市の二大都市の周辺に農村が広がる自然豊かな平野に、約四三万人が生活しています。

## コスモポリタン、山口夫妻の熱意が、市と市民を変えた

庄内国際交流協会が設立されたのは、一九八七年のこと。設立に当たって尽力された山口吉彦、

考子《なすこ》夫妻が会長と副会長を務めています。

山口吉彦氏は、一九七〇年代に南米のアマゾンで民俗学と生物学のフィールドワークを始め、一九八二年には鶴岡市の自宅に「アマゾン資料館」を開設。そこを拠点に若者たちを巻き込み、一九八五年から「庄内国際青年祭」を開催するなど、積極的に国際交流活動を展開しています。また、奥様の考子さんもドミニカの日本博をコーディネートするなど、鶴岡を拠点に国際的に活躍するコスモポリタン。おふたりのエネルギーに感化されたように、多くの市民がボランティアとして国際交流や多文化共生のための活動をしています。

鶴岡市でも、一九九〇年に「農村地域と国際交流」と題するシンポジウムを開催しました。この会合には、全国から延べ六五〇人が参加し、情報交換やネットワークづくりについて活発な議論が行われました。

## 多数の市民が、実行委員やホームステイへ協力。すっかり地域に根付いた青年祭

「アマゾン資料館」で始まった「庄内国際青年祭」は、庄内国際交流協会の活動として引き継がれ、現在も毎年開かれています。世界の若者と庄内の若者が交流をはかり、友好と友情の輪を広げることで、少しでも国際理解に役立ち、お互いの能力を高めると共に、地域や国の発展に貢献することをその目的としています。

この青年祭は、百名を超える外国人留学生と地域の市民が「我ら地球家族」を合い言葉に、ホームステイや体験学習など、肌と肌を接した温もりのある交流を行います。ほぼ一週間の間に、登山、茶道、花火などを楽しみ、共に遊び、学ぶのです。

第六回目を迎えた時点で、すでに延べ三千五百人以上の市民が実行委員として参加し、五百世帯を超えるホストファミリーが二千三百人を超える留学生のホームステイを受け入れています。庄内地方の全市町村が協力しており、官民一体の草の根交流活動を行い、すっかり地域に定着、地域興しや人づくりの面で多くの成果をあげています。

## 国際理解教育として成果をあげるジュニア民間大使の活動

国際交流だけでなく、国際協力の分野でも海外への衣類や医薬品、カレンダーの贈呈、アマゾンの失われた緑の回復のための植林活動の支援と実施など、幅広い活動を行っています。

また協会が国際青年祭と共に力を入れている活動が、青少年の海外派遣「ジュニア民間大使」です。毎年、タイのカンチャナブリにある孤児施設「子どもの村学園」に、中・高校生を中心にした青少年を派遣しています。同じアジアに住む仲間として現地に生活し、ふれあうことにより、現実のアジアを直視し、視野の広い人間に育ってもらうことを目的としています。

ジュニア民間大使は「体験から学ぶ異文化」をモットーに掲げ、一九八九年に始まり、既に三百人を超える青少年が参加、異文化に触れ、自己成長の糧にしてきました。二〇〇一年の国際ボランティア年には、第十三回ジュニア民間大使として、一行十三人がカリブ海に浮かぶドミニカ共和国を訪問、施設の子供たちとの交流や植林ボランティアを体験してきました。子供たちが楽しそうに、エネルギッシュに取り組んでいる姿に感動された山口さんは、この活動が国際協力をテーマにした総合学習のモデルケースになるのではと期待しています。

庄内国際交流協会は、「協力から貢献。そして世界との共生へ」と、より視野の大きなテーマを掲げ、庄内地方から世界へ、さらに活動の幅を広げようとしています。

02 長崎国際交流塾

# 年間一万二千人の来館がある地球館をベースに、自主的な活動を続ける

留学生支援

## 食を通じた国際交流と相互理解の場、ワールドフーズレストランの成功

長崎国際交流塾は、一九九二年、長崎に住む外国人と市民の交流を目的として、地域活性化事業の一環として創設された長崎伝習所の塾のひとつとして発足しました。

発足時のことを塾長の牛嶋洋一郎さんはこう語ります。

「長崎に東山手の洋風文化住宅群という市の重要文化財がありまして、その中の一棟がずっと閉まっていたのですけど、市のほうで有効活用したいということで、私どものほうに依頼があったのです」。

その東山手洋風住宅群C棟は、国際交流の拠点にするために「地球館」となり、一九九七年五月のオープンから同塾が運営の中心を担っています。

「メインはワールドフーズレストランです。毎日いろんな国の方に日替わりで来てもらって、誰にでも食べていただけるというようなレストランをやっています」。

このレストランでは、長崎在住の留学生やその家族の協力で、毎日違う国の人たちに自国の料理をつくってもらいます。お客様には七五〇円前後のランチとして提供し、「本場の味が楽しめる」と大好評。ランチを食べたお客様から「作り方を教えて」と頼まれることも、しばしば。要

望に応えて、台所を公開し、作り方を教えてくれます。

地球館で働くスリランカのへーリットさんは、次のように語ります。

「ここへ来て、ほかの国のこと、日本の国のことについて、いろんなことを勉強できたのが、いちばん良かったと思います。いろんな人と出会って友だちになって、それをきっかけで皆さんの力を借りて、いろんなことしたり、皆さんのために力になったりすることができたのが、ほんとうにうれしく思っています」。

牛嶋さんは「国際交流というと、何かアミューズメントのような、一日別世界を体験してそれで終わりというものが多いのですが、私たちは、もっと日常的に交流し、相互理解を進めていけたらと思っています」と言います。

地球館では、レストランのほかにも、修学旅行生や地元の小中学生、ＰＴＡの方を対象に、国際理解のためのワークショップを実施したり、英語と中国語の語学講座、「世界の話を聞く会」、「シラーニさんの紅茶の入れ方教室」、「チェスクラブ」や国際交流塾の国際理解討論会が開催されています。

チャリティ活動も欠かせません。ふだんから交流のある留学生の母国で災害等があった場合に、彼らからの申し出を受け、彼らと一緒に被災者のためのチャリティデイを主催しています。これまで「ベトナムデイ」、「インドデイ」、「アルゼンチンデイ」等々を年に数回実施しており、収益金は留学生を通して送金、事後報告もいただくようにしています。

「大切なのは、心。心だと思いますね。たとえば、いろんな世界中で、いろいろな災害があったりとか、ニュースがあったりとかいうとき、まず頭の中にぱっと出てくるのは、この国の子が今どうしているかな、ということ……すごく近いんですよ。だからやっぱり、気持ちと気持ちでつながっていくというのが、すごく大事かなというふうに思ってます」とカルチャーコーディネーターの高梨眞梨子さんは語ります。

## 結成も、解散も自由。楽しいから継続できるやわらかな組織体

長崎国際交流塾は、さまざまなグループで構成されており、それぞれの班では、自分の関心事、趣味や好きなことを通じて交流することで、日本人も外国人も、年齢や性別も関係なく、時間を共有し、楽しみながら国際交流を実践しています。

塾生は毎年百名~二百名で推移。年齢、職業、性別、国籍はさまざま。年間を通してスポーツ、語学学習、食、お祭りなどのさまざまなイベントで長崎在住の留学生やその家族たちとの交流と相互理解を深めています。外国人とのバドミントン大会、地引き網体験、稲佐山ハイキング、紅葉と美しい海岸線を眺める旅、忘年会など、楽しいイベントが次々に実施されています。

「大事にしているのは、自主性。自らやるということですね。頼まれていやいややるのではなくて、自分がやりたいことを自らがやるというところがまたひとつ大きく学びがある部分ではないかと思っています」。

設立趣意には、こんなことが書かれています。長崎「国際交流塾」は、国籍、宗教、性別、年齢を問わずさまざまな人々が、以下に掲げる各項目について考え、体験し、実践することの出来る場を提供することを設立の目的としています。

一　異文化を理解する
二　自分の国の文化を知る

三　自分自身を知る
四　積極的な自分を作る
五　地球市民としての自覚を持ち、自分の出来ることから行動する

活動に当たっての基本的考え方は、「楽しく活動する」、「共通の興味、関心を通じて継続性のある活動を行う」こと。毎年、それぞれのグループが、それぞれの興味に合わせて、週一回～月一回の活動を行っており、のべ活動回数は年間一五〇回以上にもなります。また、グループは誰でもいつでもつくることができ、同時にやめることもでき、毎年いくつかのグループが入れ替わっています。

## 修学旅行生が参加する学習活動や留学生と交流するホームビジットを始める

「最近、増えてきたのが、修学旅行生や県内・市内の小中校生が、国際理解教育の場ということでこちらをとらえていただき、学習活動の一貫でこちらを訪れていただく。そこでいろんな形があるんですけど、ひとつは留学生と私たちスタッフがペアになってワークショップ形式で子どもたちに国際理解のための学習活動を行う方法、あとは逆ホームビジット型の国際交流ということで、留学生や長崎在住の外国人の方の家庭を一緒に訪問する方法、ホームステイは難しいのでホームビジットという形で新しく始めています」。

自らやりたいことを、自ら実行する、をモットーに、長崎に住む外国人と市民の日常交流から始まった活動ですが、いまやそこに止まらず長崎を訪れる人々との交流の輪へと広がっています。長崎国際交流塾はその経験を活かしながら、多文化共生社会の実現へ向けてさらなる発展を続けていくことでしょう。

interview 01

# 長崎の歴史的特性を現代に活かして、多文化共生活動を推進

長崎国際交流塾塾長　牛嶋洋一郎さん

**——設立の経緯をお聞かせください。**

一九九二年四月、地域活性化事業の一環として長崎市が創設した長崎伝習所の子塾として「長崎伝習所・国際交流塾」をスタートしました。一九九九年に「長崎伝習所」から独立し、「長崎国際交流塾」として再スタートしています。

長崎市の指定文化財である東山手地区（旧居留地）の洋風住宅群の一棟を市より無償で借り受け、地域の国際交流の拠点とするべく「地球館」をオープンしたのです。行政からの補助金や委託事業は一切なく、独立採算で運営しています。毎年五月に開館記念の感謝祭を開催し、たくさんの来場者で賑わいます。

**——牛嶋さんは、どのように関わっているのですか。**

特別な存在として外国人と接するのではなく、共に暮らす隣人として、共通の興味や関心を通した日常的な交流をモットーに活動しています。その交流から個々の会員が異文化と自分たちの文化を理解し、むしろ「自分自身」の理解に努め、活動の過程で見えてくるさまざまな問題や課題に対し、地球市民として、自分のできることから行動することで共生社会を実現し、そのことが平和を創ることに繋がることを目標にしています。

この塾では、日本人だけではなく留学生やその家族を始めとする外国人も会員として活発に活動しており、毎月一回の運営会議で活動方針を決定しています。

主な事業として、第一に「ワールドフーズレストランの運営」があげられます。「食文化を通した国際交流」をテーマに、留学生やその家族など在住外国人が日替わりで母国の家庭料理を来館者に提供し好評を得ています。開館から二〇〇五年十月までに、留学生やその家族を中心とする約二百名の在住外国人の協力を得て、六十カ国の料理を提供し、毎年延べ一万五千人以上の利用者があります。

また「青少年の国際理解教育事業」にも関わっており、県内の学生や修学旅行生を対象に、留学生などの外国人ゲストによる母国の文化紹介など、その国の料理も交えてワークショップ形式での国際理解

体験学習を実施しています。その他にも、英会話講座、中国語講座、ワールド・バザール（フェアトレード商品の販売）、国際交流イベントなどを実施しています。

**——発足後の活動の変遷についてお聞かせください。**

一九九九年五月に地球館に活動の場を移したことで、私たちの活動はさらに幅広く展開できることになりました。地球館は、国際交流塾のメンバーだけでなく、一般にも開放しており"市民による国際交流の拠点"となるよう設けられており、長崎における日常的な国際交流の"集いの場"になりました。

また、旧居留地（グラバー園、南山手・東山手地区）一帯で行われるまちづくりのイベント「居留地まつり」にも毎年参画し、周辺地域の住民とも連携しながら地域の特色を活かした活動を行うようになっています。地球館も会場のひとつとして、各国料理や民族衣装の体験、世界の音楽コンサート等を開催しています。

**——ターニングポイントになった出来事があればお聞かせください。**

ワールドフーズレストランの開設ですね。いまでは地球館の中心をなすもので、「食文化」という身近なテーマを切り口に多文化理解を進める取り組みとして評価されています。留学生などの協力を得て、居留地時代の洋館という建物の特色を有効活用することで、長崎の歴史と国際理解というテーマを結びつけ、教室で行う国際理解授業とはひと味違う、リラックスした雰囲気で行うワークショップは、子どもたちへの"体験"学習の効果が期待できるとして、年々、希望校が増えているところです。

**——当初に比べ、どのようなところが変わったのでしょう**

自分たちのことは自分たちでやるという独立性、自主性を求めるのが、班活動の特色のひとつなんですが、新しく入ってきた人たちは、初めのうち、どうしても「お客」としての参加という姿勢が見られ

ました。それが少しずつでも、それぞれの班活動に主体的に関わるようなってきたと思います。

また、さまざまな国際交流を通じて、初めは元気のなかった外国人（特に奥さん）が地球館や国際交流塾の活動に参加するうちに、見違えるように元気におしゃべりになっていくのがうれしいです。

**――組織内での変化はありましたか**

塾の活動の基本に班活動があり、現在は十のテーマで活動しています。会員はいずれかの班に所属し、毎月一回以上、定期的に独自の班活動を行いながら、留学生など外国人を含む会員同士の交流を図っています。十班のテーマをあげると、バドミントン、卓球、山に登ろう会、Let's play チェス、音楽会、ワールドクッキング、日本舞踊、Chatting in English（「英語で話そう」）、地球館くらふとクラブ、レシピ班とあって、これら班活動だけでも、延べ活動日は毎年一五〇日以上にのぼり、まさに日常化しています。

**――地域・関連団体の関係はどのようなものですか。**

地球館においては、留学生やその家族、交流を希望する日本人が同じ立場で交流に参画し、県民に広く開かれた事業を展開しています。意識的に地域密着型交流を行うのではなく、むしろ地域密着は活動の前提とし、参画する県民及び外国籍県民、双方の視点により各種活動を展開していることもあり、継続的かつ普段着の交流を推進しています。

「地球館」は、市の指定文化財である居留地時代の洋館群の一棟を使用しています。「保存」に重点を置く多くの指定文化財とは異なり、文化財がもつ特色と歴史を充分に活かし、運営には日本人及び外国人がそれぞれ対等な立場でボランティアとして携わり、多種多様な活動を展開しています。日本人と外国人の双方の視点を取り入れることで、より多くのニーズにかなった活動を幅広く展開してきています。

このことは地域住民・在住外国人はもとより、県外からの利用者が増加しているという実績に反映されていると確信しております。また、地球館の施設のそのものが観光拠点ということもあり、「観光しながら長崎の国際交流及び国際理解にふれる場」としての役割も担っています。

地球館における国際理解教育講座は、「多文化共生社会を自ら作り上げようとする知識・態度・技能をもった人材を育て、真に豊かで平和な社会の実現」を目標とし、日本人の専門家および外国人ボランティアが共通の目的で講座を展開していくことを通して、利用者が国際交流・国際協力ひいては共生社会のあり方、そして日本における国際交流の原点を体感することができます。

また、地域内での活動にとどまりがちな市民活動を県内外の人々に広く展開していることは先駆的な試みで、他団体の市民活動を活発化させていく上で、大変参考になるものと思われます。

**――どのようなことを期待されていますか。**

地球館は長崎市が管理する文化財であ

り歴史的建造物である居留地時代の洋館を、市民団体が無償で借り受けて、国際交流、まちづくりに再活用するという新しい形態の施設です。かつて海外交易の窓口として栄えた長崎の歴史をふまえ、現在の国際交流に活かした他に例のない長崎らしいユニークな取り組みとして、また行政と民間の新しい協働のあり方として、県内外より注目されています。

地球館におけるこれらの活発な交流に刺激され、長崎市東山手地区は居留地時代に日本で最初にチェスが紹介された場所であったこともあり、この地区の住民が地球館を拠点に集まり、「長崎居留地チェスクラブ」が発足されました。このように地球館の活動は組織内にとどまることなく、新たな団体を育んでいく拠点ともなりつつあることは、今後、ますます市民活動の中心的存在になることが大いに期待されている現れと思います。

また、「国際化」「自治振興」「平和」「教育」などの分野で、市政に関する各種委員会等に委員として招かれることが最近増えています。

**——今後の展望をお聞かせください。**

各国の留学生など、塾生の提案でチャリティデイやコンサートを企画し、収益金は留学生らを通して国際協力に役立てています。これまでに、パレスチナの子どもたちを支援する「イスラミック・カルチャー・デイ」（二〇〇一年一月）、「アフガニスタン難民支援のためのチャリティコンサート」（二〇〇二年四月）、アルゼンチンの子どもを支援する「アルゼンチン・チャリティ・コンサート」（二〇〇三年一月）、インド洋大津波被災者支援（二〇〇四年十二月〜二〇〇五年二月）、パキスタン北部大地震被災者支援（二〇〇五年十月〜十二月）を行ってきています。

近年、地球館での活動がコミュニティビジネスとしてとらえられたり、「自治体との協働」の事例として取り上げられる機会が増えています。運営自体をボランティアベースではなく、コミュニティビジネスとして確立していかなければ続いていかないと痛感しているところです。

03
いっくら
国際文化交流会

# ひとりの主婦の思いが、宇都宮を国際都市に変えた

日本語教育支援

## 宇都宮在住の主婦の呼びかけで、大勢の女性が結集

「いっくらって、栃木県の方言ですか」と、よく訊かれます。「いっくら」とは「いっくら国際文化交流会」の英語名 Inter-Cultural Community Life Association の頭文字ＩＣＣＬＡをひらがな表記したものです。この言葉は「地域からの草の根の生活者の交流と生活文化の分かち合いをめざしたグローバルなボランティア活動をする」という願いを込めて、上智大学教授でアメリカ・カナダ研究所長の三輪公忠氏が命名したものです。

「いっくら」が設立されたのは、もう二十年以上前のことです。一九八二年二月に会の創始者、長門芳子さんは、夫の転勤に伴って、東京から宇都宮に移り住むことになりました。その年は、宇都宮市がニュージーランドのマヌカウ市と姉妹都市提携をしたり、「国連婦人の十年」の期間中であったためか、地方でも女性の社会参加が盛んに取り上げられていた時期でした。

「国連婦人の十年」とは、一九七二年の第二七回国連総会において、性差別撤廃に世界的規模の行動で取り組むために、一九七五年を「国際婦人年」と定め、その年にメキシコで開催された「国際婦人年世界会議」で、一九七六年から一九八五年の十年間を「国連婦人の十年」と定めたものです。その十年間に世界各国で、女子への差別撤廃と社会的地位向上をはかる決議や法律が

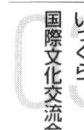

採択され、日本では国籍法、戸籍法、国民年金法などが改正され、男女雇用機会均等法、女子差別撤廃などが推進されました。

東京での長門さんは、住んでいた港区という土地柄もあって、各国大使館職員の家族との交流が自然に生まれ、港区のユネスコ協会の設立に参画し、国際交流活動に携わるようになりました。このときの体験から、普段着の国際交流活動の大切さを身をもって実感し、宇都宮に移ると、このような草の根ボランティア活動を地方にも根付かせようと、自ら地元の新聞、ラジオを通じて「主婦も国際人を目指しませんか?」と呼びかけました。それが大きな反響を呼び、賛同者が集まり、「いっくら」の活動が始まったのです。

**合い言葉は、「出会いを大切に、交流を重ね、思いやりの心を育て、ときめいて国際交流」**

「いっくら国際文化交流会」は、地域生活共同体をめざしたグローバルな活動をするボランティアの会をめざし、いつでも、だれでも、気軽に参加できる、「地域の中で今、できることから始めよう」をモットーに多岐にわたる草の根の地球市民活動を続けています。

合い言葉は「出会いを大切に、交流を重ね、思いやりの心を育て、ときめいて国際交流」。県内に住む外国人への日常生活に関するアンケートの実施を皮切りに、講演会、シンポジウムなどを通じた異文化の理解、郷土理解のための啓発事業、国際理解のための勉強会、実践英会話教室開講などを次々に実行していきました。

活動は年々充実していき、今や同会の中心的活動となったホームステイ事業では、「食卓からの国際化」をモットーに、毎年一〇〇名から一五〇名の外国人を迎え入れています。日本の家庭生活を体験した外国人のひとりは「地方都市の家庭に受け入れられて、初めて日本と日本人の姿がよくわかった気がします」と語っています。ホームステイは地球家族誕生の場です。今までに九六カ国の方々を受け入れ、栃木県の豊かな自然・歴史・文化・伝統工芸・人情に触れていただきました。

さらにオーストラリアなどへ高校生を派遣したり、「押しかけ文化交流」と称して、モンゴルなどにメンバーが出かけて交流するなど、さまざまな活動を展開するようになっています。一九九一年の押しかけ文化交流は、ニューヨークで実施。会員の代表による和服の着付けや日本舞踊が披露されました。

「いっくら国際井戸端会議」というイベントでは、県内に住む外国人とお互いのお国自慢の料理や風習を紹介し合っています。外国人への日本語支援としては、日本語ボランティアの養成と県立高校で学ぶ留学生への日本語教師派遣などを行っています。

## 多彩な国際交流活動で、地域の外国人をサポート

宇都宮大学大学会館で開催された「いっくら日本語スピーチコンテスト」では、「住みよい街」「住んでみたい街」をテーマにアジア、欧州、南北アメリカからの留学生、就業者など十一人が体験談や主張を五分間スピーチで競いました。また、過去の入賞者のスピーチ五四編をまとめて『外国人の目で見て感じた日本文化・日本事情』という日本語の教材を出版しています。出版活動では、ほかに栃木県の民話、「殺生石物語」を和文、英文、モンゴル語、点字で出版。さらにモンゴルと日本の民話を対訳して出版し、郷土文化の紹介に役立てています。

一九九九年には、「国際シンポジウム in 宇都宮〜わが街の『日本語教室』を考える〜」を開催。地域の国際化に伴い、外国人が隣人として生活し、学び、働くようになり、社会生活への適応と言葉の支援をどうするかが問われるなか、行政との関わりやカリキュラム、ボランティア養成、年少者への教育など、さまざまな意見交換が行われました。

オーストラリアから少女合唱団一行を迎え、県内のさまざまな団体と協力して、「響け、友情のハーモニー」と題するコンサートを開催したこともあります。彼女たちの歌声は、国境を越えて高らかに響き合いました。

「三年も続けば」と思われていた活動は、もう二十年以上も続いています。メンバーの自主性を尊重し、お互いの信頼を基盤に活動してきたことが、活動を予想以上にダイナミックなものにしたのでしょう。豊かな自然や歴史の中で、ハイテクやバイオ開連の産業と、新旧混住するようになった栃木の独自性を活かし、宇都宮発の民間外交をますます広げていきたいと、夢はふくらみます。

文化交流は、人に始まり、人に終わる。継続は力なりと言いますが、会設立以来、多くの人と出会い、汗と涙と感動の日々を分かち合ってきました。ボランティア活動の限りない可能性と限界の狭間で揺れ動きながら、地域の中に、今後も支援の輪が広がっていくことが期待されます。そして草の根交流の最前線での、さまざまな出会いの中で共に生きていく共生の社会の実現の種が蒔かれていくのです。「いっくら」のメンバーは、これからも地域の独自性を活かし、長年のノウハウとネットワークを駆使して、より質の高い草の根国際貢献を継続、発展させていくことでしょう。

04 JVC山形

# 在住外国人のためのサポート

日本語教育支援

## 山形で地球と地域の問題解決に取り組む。JVC山形からIVY山形へ

ＪＶＣ山形（日本国際ボランティアセンター山形）は、定住外国人を対象に日本語教室、医療情報提供・通訳派遣、多文化理解講座等の支援・交流プログラムを実施している特定非営利活動法人です。タイ国境のカンボジア難民キャンプをスタディツアーで訪れた人たちが中心となり、一九九一年十二月、山形発で地球の問題、地域の課題に取り組もうと生まれました。

一九九一年一月、ＪＶＣ山形は、ＩＶＹ（国際ボランティアセンター山形）に改称。同年六月には、ＮＰＯ法人に認定され、活動の場をますます広げています。

主に外国人花嫁が点在している農村部を中心に日本語教室を運営。多文化運動会、「地球の文化祭」を開催し、外国出身の子どもたちへの教育など、多文化共生社会の課題解決に積極的に取り組んでいます。

基本方針は、次の六点です。

一　地球市民としての自覚を持ち、足元から行動する。

二　人種、性別、職業、宗教、個性などの違いを認め、地域独自の知恵と多様な文化を尊重し、積極的に活動に活かす。

三　経済、社会、人権の平等を求め、公正な社会の実現に努める。
四　人々のもつさまざまな可能性に期待し、新しい価値観の創造をめざす。
五　ボランティア活動を自己研讃の場ととらえ、活動で得た経験や知識を個人、家族、職場、社会に還元する。
六　持続可能な地球環境を守るため、自然保護、有機農業、リサイクル活動等を支援し、循環型の社会づくりをめざす。

**日本語教室から学校教育のサポートまで、多彩な活動を展開中**

山形県は、アジアからの花嫁をはじめ定住外国人の多い地域です。その数は二〇〇四年末で七三八九人に上ります。ＩＶＹは主に国際結婚した人や中国からの帰国者やその家族、また外国出身の子どもたちを対象に「いのち・ことば・ぶんか」をキーワードにした活動を行っています。日本語教室、医療情報の提供や通訳の派遣、二四時間電話相談、多文化理解講座など「こころの支援」を実施。海外においてはカンボジアやフィリピンでの農業支援、精神医療支援による交流を行っています。

外国人生活相談事業は、外国出身者が日本にスムーズに定住できるよう、保健医療と人権に関わる面で支援を行っています。トラブルの際には山形県弁護士会に協力してもらったり、病気のときなどは保健医療機関へ通訳者を紹介するほか、六カ国語による電話相談も実施しています。

外国人出身者にとって最大の難関はなんといっても「言葉」の問題です。ＩＶＹは「自転車で通える日本語教室」をめざして、教室の開設と運営に協力し、日本語ボランティアの養成を行っています。IVYの教室で学ぶ外国人の多くは、韓国や中国、フィリピンから来た女性たちです。日本語ボランティアは日本語で、日本語を教えています。教室は、外国人にとっては心の拠り所でもあり、国際交流の拠点ともなっています。

IVYの活動で得た経験を多くの人々と共有し、地域へ還元したい。地球の問題、地域の課題について一緒に考えてみたいと、参加型学習の手法を取り入れた研修会を開いています。二〇〇二年度からは、小・中・高校に導入された「総合学習」のファシリテーターを派遣し、自尊感情を育み、他者とのコミュニケーションをはかり、協力して未来をつくっていくことを目的として、参加型学習を用いた国際理解教育を行っています。

二一世紀は、世界の人々が共に手を取り合い、さまざまな地球的問題に取り組む必要がある時代です。そのために「世界を視野に入れながら地域で活動できる地球市民」が増えていくことが望まれます。IVYは地域から「地球市民」を育てるためのプログラムを提案しています。それが地球市民的な感覚を育てるためのワークショップという参加型の学習活動です。

ワークショップは、ゲームや体を使った楽しい活動型学習。場合によっては、個人の内面深くまで入り込み、既存価値を揺さぶられることもあります。こうした体験によって、より深く考え行動できる地球市民を育てたいと願っています。

県内には、途上国で技術支援を行ったり、ボランティアとして現地の生活向上に力を尽くしている人たちや地域でグローバルな視点からさまざまな活動を行っている人たちがたくさんいます。そうした県内外の国際関係団体と協力して、二〇〇三年から国際交流イベント「地球の文化祭」を開催しています。音楽、料理、ライフスタイル、民芸品など、さまざまな国々の文化に触れようと、四千人をこえる人々が来場するイベントとなっています。

## 地域と地球を結ぶ、環境プロジェクトへの取り組み

今日の環境問題を解決し、自然と共生する持続可能な社会を構築していくために、環境に対する意識を高め、一人ひとりが環境に配慮した行動をとることが必要です。そこでその基盤となる環境保全活動・環境教育の推進が重要な社会情勢となっています。このため、ＩＶＹでは他の団体と連携しながら、環境保全活動、環境教育を推進する実践的な人材養成の場と機会を提供し、感性豊かな人間形成のための自然体験活動プログラムを実施しています。大自然の中で行われる体験重視の交流活動から、協力することや環境保全の大切さを学び、これからの国際化社会を生きていくための力を養うプログラムです。

林業の衰退に伴い、山形県でも放置された森林が増えています。そこで、地球環境を考え、荒廃した森の手入れができる次世代の人材育成は、重要な課題となっています。身近な生活環境から地球環境まで、ＩＶＹの活躍する舞台は、ますます広がっていきそうです。

interview 02

# 「地球家族のきずな求めて」～草の根国際交流へのチャレンジ

いっくら国際文化交流会会長　長門芳子さん

**――設立の経緯についてお聞かせください。**

一九八二年二月、銀行員の夫の転勤で東京都港区から宇都宮市の自宅に戻った際、この地に国際的なボランティア活動を根づかせたいと、個人的に大きな夢をもったことがきっかけです。栃木県内の国際的なボランティア活動を一年間リサーチした後、『この指とまれ』という新聞・ラジオの呼びかけで仲間を募り、「ユネスコ精神」を基本理念に会の創設を試みました。折しも「国連婦人年／国連婦人の十年」の男女平等、女性の地位向上、女性の社会参加という世界的な運動が、さざ波から大きなうねりへ移行していくプロセスと重なり、「主婦は国際人を目指します」の地元紙の大きな記事に、毎日電話が鳴り続け、地域ニーズの確かな手応えを感じました。バイタリティ溢れる主婦たちが大勢参画して、一九八三年六月六日、「いっくら国際文化交流会」は、地域社会の多くの期待を集めて誕生しました。

**――団体内でのお立場はどういったものでしょうか。**

創設会長として、二三年間、「地球家族のきずな求め」心と心のひびき合う、草の根国際交流の可能性のチャレンジを試み、汗と涙と感動の日々を多くの仲間と共に分かち合いながら、NGO・ボランティア組織のリーダーとして大きく成長させていただきました。未熟な自分を戒めるため、つねに大切にした言葉は「いつも希望と微笑を」、「継続は力なり」、「努力あるところに実りあり」、「人を裁いてはいけない」などで、夢の実現に努めました。

個人的には、創設間もない一九八五年四月、乳がんで入院、左乳房全摘出手術により左腕に後遺症が残りました。一九九五年四月、国立大学で唯一の国際学部が宇都宮大学に創設され、社会人入学第一期生として入学しました。一九九九年三月、「地球家族のきずな求めて～草の根国際貢献の可能性と限界」をテーマに、「いっくら」の「外務省長期青年招へい事業」研修受け入れの経験を卒業論文にまとめて提出し、卒業しました。

二〇〇五年八月、不覚にも二十年振りの初期乳がんを自分で発見し、入院、右乳房全摘出手術。退院後二カ月ですが、現在十月二二日から十一月二七日まで「平成十七年度外務省長期青年招へい事業」で来日された中央アジア・コーカサス地域のアゼルバイジャン、アルメニア、ウズベキスタン、カザフスタン、キルギス、タジキスタン、トルクメニスタンから八名の研修生を受入れての活動に全力投球しています。

**――設立当初、どのようなご苦労があったのでしょうか。**

会がどんな目的で活動しているかを地域社会に、またメンバーに認知していただくことが大変でした。「国際交流」という言葉が未だ市民権をもたず、栃木県や宇都宮市に国際交流担当の部署も無い頃のスタートでしたから、「いっくら」の活動を知ってもらい存在感をアピールするうえでは、マスコミが良く取材して下さいました。新聞、ラジオ、テレビで報道されることは、個人が立ち上げた草の根ボランティア団体にとって大きな支援をいただくことになりました。行政の補助金も何もなく自力でひたすら頑張る「いっくら」は、「主婦が国際交流のボランティア?」ということで珍しかったのでしょう。

苦労したのは、会の活動のための財源の確保でした。自分で立ち上げた会ですから行政の補助金や助成金の可能性は無く、財政基盤の確立が大きな課題でした。そのため、積極的に企業訪問を繰り返し、いっくらの活動実績をお話し、一件一件丁寧に説明して歩き理解を求め事業への協賛をしていただきました。

新聞・ラジオの呼びかけで参画したメンバー、人間関係の全くなかった人々がマスコミの情報を通して集まったわけですから、それをまとめていくことは大変なことでした。しかも、大きな夢と情熱だけはもっていた普通の主婦の私にとって、とくにボランティアの実践活動を企画、運営し、実施する中心的な担い手である「企画運営委員会」をどう方向づけるか、企画運営委員の意識をどう高めていくのか、人間関係で信頼関係と合意形成をどのように構築していくかなど、先ず組織内部を固めるうえでの問題が山積し、エネルギーの多くを費やしました。

**――活動そのものはどのような変遷がありましたか。**

草創期、成長・発展期、使命感をもった活動期と分けることができます。草創期には、組織の内部を固めることに尽力しました。まず、活動の基本理念とヴィジョンの構築。話すことと聞くことを目的とした実践英会話講座と国際理解を深める講演会の開催。栃木県在住外国人への日常生活に関するアンケートの実施と報告書の作成。以後、このアンケートの結果をもとに、地域ニーズに対応した活動に移行してきました。

成長・発展期は、紆余曲折と試行錯誤の期間でもありました。外務省、国際交流基金の青年招へい事業、東京フルブライトアソシエーション、インドネシア選抜高校生、姉妹都市関係市民団、アジア学院研修生、県内大学留学生など、さまざまな立場で来日中の人たちのホームステイ受入れはどんどん発展し、現在対象国は九六カ国にのぼりました。

一九八八年度より「日本語スピーチコン

テスト」の開催に取り組みはじめました。以後、継続事業として毎年実施しています。十七年間の成果として、上位入賞者のスピーチ集『外国人の目で見て体験した日本事情・日本文化』を出版し、海外の日本語教師に日本語副教材として、また、栃木県内の全中学校、高校に国際理解の副教材として寄贈しました。

**――ターニングポイントとなった出来事があればお聞かせください。**

　全国的な大賞をいただいたことでしょうか。個人的には一九九〇年七月に外務大臣表彰個人賞、一九九四年四月にフルブライト賞を受賞。さらに会として一九九一年三月に国際交流基金地域交流振興賞、同年六月にサントリー地域文化賞を受賞しました。そのため「十年活動したら金輪際止めよう」と思っていたのに、社会的な責任を感じて止められなくなってしまいました。

　また、一九九二年度よりスタートした、ODA・文化支援事業「外務省長期青年招へい事業」の受け入れを十四年間で十三カ国一八〇名のお世話をしたことがあげられます。最初は、来日直後三カ月受入れ、今年は、七カ国八名を三七日間研修受入れしています。

　国立大学で初めて誕生した宇都宮大学国際学部に、一九九五年四月に入学し、一九九九年三月に卒業したことも、転機のひとつです。

**――活動当初に比べて変わった点はありますか。**

　活動の目的と使命感をもって活動に参画する会員が増えたことです。NGO・ボランティア活動をする社会環境が大きく変化したと思います。国際理解、交流、協力分野の活動が多様化し、対象者のニーズも多様化し、NGO自体のアイデンティティが問われ、活動の理念と目的をはっきりさせ、専門性・独自性のある活動に絞っていくべきと思います。

**――地域や関係団体との関係はどのように変わっていったのでしょうか。**

　NGOを取り巻く環境は、会創設時の二三年前とは大きく変化し、活動しやすくなりました。男性会員や大学生会員が加わり始め、少しずつ人材が豊富になってきました。組織運営が軌道に乗り始め、地域で、組織として認知されてきたこと。中学・高校と連携した活動をしていること。企業の協力をいただけるようになったこと。地域や分野を越えたネットワークと協働、コラボレーションにより、内容の充実した、質の高い専門性を加味したプログラムの提供が可能となってること。「産」「学」「官」「民」との協働がうまくいき始めたこと。地域ニーズを踏まえ、グローバルな活動展開ができ始めました。

**――どのようなことが期待されていると感じますか。**

　草の根ボランティア活動への可能性は無限大だと思います。「いっくら」のモットーである「Global Thinking, Local Action」(地域の中で今できることから始めよう)とそのテーマ「地球家族のきずな求めて～草の根国際協力の可能性」へのチャレンジへの期待をひしひしと感じます。また、ODAとNGOボランティア、大学との連携による新たな発展や教育現場と地域のNGOとの連携などによって、地域社会への貢献が求められていると思います。

**——現在の若者の国際交流活動への関心についてどのようにお考えですか。**

現在の若者は、テーマを与えてそのテーマに興味があれば、積極的に活動に参画し、かなりの成果を挙げてくれるように思います。

一九九五年度より、いっくら青年部の宇都宮大学学生が、「いつもいっくら」の事業にボランティア参加しています。二〇〇二年十一月、国際交流基金の助成を受けて、いっくら二十周年記念「草の根国際協力の可能性～ODAとNGO・地域との協働～」のパネリストとして招待したモンゴル国立人文大学日本研究学部長で元外務省研修生のTs. Purevsuren教授といっくらで、宇都宮大学に姉妹大学の申し入れをし、二〇〇三年十一月、大学間国際交流協定締結が調印され、以来、両間で研修者レベル・学生レベルの活発な交流が深まりました。なお二〇〇六年四月からは「日本事情」の講義を私が担当し、大学との関わりがますます深くなります。

「いっくら」とかかわりのある高校生、大学生ボランティアの受け入れを通して、今世紀を託す次世代育成という使命感と希望の光を感じています。

**——今後の展望、目標についてお聞かせください。**

「いっくら」の二三年間の活動を総括し、より専門性の高いNGO・ボランティア活動をめざします。二〇〇六年度に十五周年を迎える「外務省長期青年招へい事業」の北東アジア・中央アジアの研修生十三カ国一八〇名の研修受け入れを記念し、多文化ネットワーク会を設立し、日本で総会や「多文化共生の可能性を探る」シンポジウムを開催するのが、現在の大きな夢です。

06 いいだ人形劇フェスタ実行委員会

# 人形劇フェスティバルでまちおこし

## 国際児童年にスタートした、本格的な人形劇カーニバル

飯田市は、諏訪湖から南流して太平洋に注ぐ天竜川全長のほぼ中央に位置する、南信州の文化・経済・行政の中心地です。美しい自然に恵まれ、長い歴史と伝統文化につつまれた人情豊かなまちとして知られ、伊那谷の中心都市として躍進しています。

国際児童年にあたる一九七九年、飯田市として何かをしたいということで、松澤太郎市長は、(財)現代人形劇センターの宇野小四郎理事長と人形劇団「ひとみ座」の須田輪太郎代表に相談を持ちかけました。その結果、人形劇の公演をやろうという話が決まったのでした。

もともと飯田市のある伊那谷には、三百年近くにおよぶ人形浄瑠璃芝居があり、今田人形座、黒田人形保存会、早稲田人形保存会、古田人形保存会の四つの伝統人形劇が活動していました。

このときの話し合いでは、単に国際児童年の記念イベントだけのことで終わらせるのではなく、全国の人形劇人の仲間たちに呼びかけて、市内のできるだけ多くの会場で人形劇を上演し、多くの人たちに観てもらい、参加した全国の人たちと市民の人たちが交流する「人形劇のお祭り」を開催しようという方針が打ち出されました。

このように、全国的な人形劇の祭典として「人形劇カーニバル飯田」はスタートし、その後名

称を「いいだ人形劇フェスタ」と改め、現在では世界最大の人形劇フェスティバルとなっています。一九八八年は飯田市で“国際人形劇連盟世界大会”と“世界人形劇フェスティバル”が開かれました。これを契機に飯田市は「人形劇のまち飯田」と呼ばれるようになったのです。

## 飯田市単独の主催から実行委員会による運営へ

一九九八年には、第二十回を記念して飯田市単独による世界人形劇フェスティバルが開催されました。この祭典には、人形劇団と飯田市民による選考の結果、素晴らしい作品をもった劇団が参加しました。人形劇フェスタは全国の人形劇人が大集合する祭典から、優れた芸術としての人形劇が一堂に会する祭典へと発展したのです。

人形劇フェスタがこのように発展、継続できた要因としては、ひとつには発足当時、イベントを競う時代的背景があったこと。ふたつ目には芝居を好む伊那谷の人々の気質と地方分権型行政組織と結びついたこと。三つ目としては、子どものために優れた文化をと願う市民と、その要望を実現させようとする行政、そして人形劇団の三者の歯車がうまくかみあったことが挙げられています。

いいだ人形劇フェスタは、毎年八月第一週の木曜日から日曜日までの四日間、行われます。人形劇の公演会場は、ホールだけでなく、商店街の歩行者天国、保育園、学校、神社の境内など、市内全域至るところとなっています。

運営は、いいだ人形劇フェスタ実行委員会を頂点に、企画委員会、人形劇人委員会、各地区実行委員会で行っています。

実行委員会の仕事は、各地区に分散して行われる公演を中心とした人形劇の上演及び劇人と市民の交流をはかることです。また参加する人形劇関係者のために、旅館の斡旋なども行っています。

飯田市では、参加者に低料金の宿舎を提供するために公民館宿泊制度を用意していますが、この制度によって、学生サークルを中心に多くの人形劇団員が公民館に宿泊し、他の人形劇団員と交流することが毎年恒例となりました。

フェスタは、参加する人形劇団員と観賞する市民、そしてそれを支える行政が一体となって進める、総合的な文化イベントです。企画運営や期間中にさまざまなお手伝いをしたい市民は、スタッフとして登録し、基本参加費としてワッペンを購入すれば、誰でも参加できます。ほかにもいろいろな企業・団体が「いいだ人形劇フェスタ」を支えています。

フェスタは「見る、演じる、支える。わたしがつくるトライアングルステージ」というスローガンを掲げ、公演、交流、研鑽を通して、人形劇の普及と向上、地域文化の振興、まちの活性化、そして元気な心と豊かさを育む暮らしの実現をめざしています。

「見る人」は、参加証代わりのワッペンを購入します。特別観劇公演を除く全公演が、この一枚のワッペンで観劇できるようになっています。このワッペンは、みんなでつくるフェスタの象徴です。また「演じる人」であるフェスタ参加者はみんな参加料を払っています。

期間中は、さまざまなジャンルの人形劇の交流と市民と劇団員との交流が、市内各所で繰り広げられています。第十二回目からは、多彩なワークショップが開かれるようになりました。そこでは人形劇の初歩から実践的な研修まで、いろいろなことを学びます。これが研鑽です。

## 地方都市から世界都市へ、フェスタの成功と国際化

人形劇フェスタは、さまざまなものを市にもたらしました。終演後に劇団員と地区実行委員会が交流会をもつことで、人形劇人と市民の対話が生まれました。地区実行委員会は、各地区公民館主事を中心に劇団との交渉、会場の設定、当日の運営までをすべて行うので、「自分たちが参加している」という参画意識をもつようになりました。

また、第十回の世界大会の時には、世界各国から多数の人形劇人がまちを訪れ、市民にとってはカルチャーショックを受ける機会となりました。この年のフェスティバルによって、人形劇フェスタは全市民に認知され、地方都市の国際化を感じる事ができました。

人形劇を通じて、第八回にはアジア会議を開催し、第十回世界大会の時には、世界人形劇連盟の事務局があるフランスのシャルルビル・メジェール市と友好都市提携を結びました。同市は、フランスの国立高等人形劇芸術学院に設置されており、世界の人形劇の中心として、三年に一度世界人形劇フェスティバルが開催されています。飯田市からは、一九九一年には人形浄瑠璃の今田人形座が、一九九四年は天竜太鼓が招待されています。

それと同時に、市民ツアーやまちづくり視察といった市民の交流も活発に行われています。またシャルルビル・メジェール市からは、第十回と第十五回にロジェ・マス市長とウニマのジャック・フェリックス事務局長が飯田を訪れています。昨年はウニマ主催のアジア太平洋会議を行いました。

今後の課題は、人形劇団と市民のお祭りの範囲を超え始めている部分をどう運営していくかということ。また、世界人形劇フェスティバルや二度のアジア会議が開催されるなど、人形劇を通じた国際交流が盛んになっていますが、フェスタをまちづくりと一緒にどう発展させていくかも課題のひとつです。

06 劇団あしぶえ

# 演劇から始まった国際理解と村おこし

文化芸術交流（舞台芸術）

## はじめての公設民営の劇場、しいの実シアターの誕生

島根県八雲村は松江市の南にある、古代出雲文化発祥の地といわれる由緒ある土地。村の中央を流れる意宇川の上流にある熊野大社は、八岐大蛇を退治したスサノヲノミコトを祀る出雲国一の宮として知られます。

その八雲村の新しい名所が、木の劇場「しいの実シアター」。しまね景観賞一般建築部門優秀賞を受賞した、建築物としても一見の価値ある劇場です。

この「しいの実シアター」を拠点に演劇を通じた国際交流活動を展開しているのが、劇団あしぶえ。一九六六年、演劇に情熱を燃やす、二十歳前後の若者たちによって設立されました。メンバーは高校時代の演劇仲間たち。自分たちの劇場づくりを目指していた彼らは、八雲村に出会います。文化資源を活かしたまちづくりを模索していた八雲村の石倉徳章村長が、劇場建設の援助を申し出てくれたのです。

「自由にやってください。この過疎地に若くて元気のいい人たちが来れば、村の活性化にもつながります」という村長の言葉を信じて、団員は八雲村へ移りました。

こうして、八雲村のしいの実シアターを拠点とした劇団あしぶえの新たな歴史が始まりました。

## 小学校の授業に採り入れられた演劇による表現学習プロジェクト

劇団リーダーの園田土筆さんは、次のように語ります

「この劇場は村営です。日本ではじめての公設民営のシアターなんです。ここで私たちは国際演劇祭を開催しながら、演劇を暮らしの中へ広める活動をしています。

とくに八雲村の子どもたちに演劇を広めたいと思い、演劇と教育をつなげる活動を始めたところなんです。

八雲小学校の授業のひとつとして表現学習に取り組むプロジェクトを、うちの劇団員と先生たちと一緒に進めているのですが、それがうまい具合にいっています。

私たちのもうひとつの大きな仕事が、八雲国際演劇祭です。これは広く海外から参加劇団を募集して、こちらへ来ていただいて、村でホームステイをしてもらいながら、地域の人たち、行政の皆さん、そして劇団あしぶえが三位一体となって、国際理解を深めながら、共に演劇を楽しむという活動です」。

## 海外公演の経験を生かして、国際演劇祭を企画・開催する

劇団あしぶえは、国内だけでなく、海外でもホームステイしながら公演を行い、一九九四年は米国ウィスコンシン州で開催されたアメリカ国際演劇祭で一席をとったこともあります。そういう海外での体験が、八雲国際演劇祭に活かされています。そのときの演し物は「セロ弾きのゴーシュ」。国内では、何度もロングラン公演をした作品でしたが、台詞はほとんど日本語。でも幕

が開いて一分もすると観客席から弾けるような笑いがあふれ出したといいます。

このとき園田さんは、国際演劇祭の運営が国際理解につながり、まちづくりにつながることを確信したそうです。舞台に立つ人間だけでなく、たとえ芝居に興味がなくても、ボランティア活動やホームステイを通して国際交流の輪を広げることは可能です。

「国際交流は、お互いの違いを超えていくためのきっかけをつくってくれるものかな、って思うんです。外と交流してみて、逆に自分の住んでいる、自分の暮らしのまわりに目を向けるきっかけをつくってくれる。それはひいては自分たちの暮らしを豊かによくしていくことになるんじゃないかなというふうに感じています。ですから国際交流と自分が、いまここに暮らしていることがぜんぜん遠く離れたことではないし、一緒なんです」と語るのは、劇団員の有田美由樹さん。

一九九八年に八雲村で「演劇によるまちづくり国際シンポジウム」が開催されたのをきっかけに、八雲国際演劇祭実行委員会が発足。村の人たち、八雲村行政、劇団あしぶえがみんなで知恵を出し合い、共に汗を流して働く組織として運営され、翌年のプレ大会開催に続き、ついに二〇〇一年に「第一回八雲国際演劇祭」が正式にスタートしました。島根の小さな山村に、オランダ、韓国、アメリカ、カナダ、日本の劇団が参集し、大盛況となったのです。

八雲国際演劇祭は、地域住民が、異なる文化的背景をもつ五カ国七劇団のレベルの高い演劇にふれる機会をもたらすと共に、ボランティアとして演劇祭の運営を支え、各国の劇団員をホームステイで迎えたり、子どもたちを対象とした国際交流プログラムの実施など、異文化理解の場にもなっています。

八雲村教育委員会で、国際理解教育コーディネーターとして働くメアリー・キャサリーン・マルシニアックさん（二〇〇三年十一月に帰国）は言います。

「言葉や文化の問題は隣に置いておいて、まず人間同士で付き合っていかなければならないと思っています。日本の人たちが英語コンプレックスや、自信の欠如や文化の違いから、国際社会に馴染めずに悩んでいることをいろんな人から聞きますが、言葉や文化を超えて、人間同士として付き合っていけば、少しでも壁が薄くなっていくと思います」。

再び、園山土筆さん。

「多文化社会に生きていける力を育てるのは簡単なことではありません。いろいろな国の人たちとお付き合いしながら、文化の壁を乗り越えるということは大変なことなんです。しかし、まともに向き合って、どんなことがあっても乗り越えていこうという思い、ほんとうの友情を育てようという力を育てながらお互いに心を通わせていけば、必ず心が通じてお互いが理解できるようになるんじゃないかというふうに思います」。

07
武生国際音楽祭推進会議

# 武生から世界へ、世界から武生へ

文化・芸術交流（舞台芸術）

## 音楽で、まちおこしに成功。音楽の都になった、武生

武生《たけふ》国際音楽祭は、一九九〇年、新たな地域文化とアイデンティティの創出をめざした、市民の発意によって始まりました。音楽祭を続ける理由について、武生国際音楽祭推進会議の上木雅晴理事長は、こう語ります。

「ぼくらがこの音楽祭をなぜ続けるのかというと、ひとつは音楽祭を通してのまちおこし。それが原点です」。

福井県武生市は、およそ千年近くも越前地方の中心として栄えてきた歴史のある町です。源氏物語で有名な紫式部も暮らしたという、遠い時代を偲ばせる古い街並みは、いまも変わらぬ佇まいを残しています。重要な史跡が数多く存在し、とくに寺院は二百ほどあり、音楽祭の期間中、これらの寺で打つ鐘の音は、武生ならではの優雅な風景です。

武生国際音楽祭は、市民ボランティア組織である「武生国際音楽祭推進会議」によって毎年一回開催されています。国内外から著名な音楽家を多数招へいしており、音楽家滞在型音楽祭として知られています。

高水準の演奏に親しみ、海外から来日した演奏家や作曲家と交流する楽しさをより多くの市民

と分かち合いたい、という武生国際音楽祭推進会議の市民ボランティアの情熱が、世界レベルの音楽祭を支えています。

一流の演奏家を招致しているのが特徴で、曲目は現代楽曲が中心。日本の現代音楽も取り上げられており、現代の日本人作曲家を招いて日本楽器を用いた演奏も行われています。

## 音楽家育成の場としても高く評価される存在に

ここ数年は、作曲家の細川俊夫氏が音楽監督をしており、優秀な若手作曲家を育成にも貢献しています。音楽祭と並行して行われる「武生国際作曲ワークショップ」は、「世界から武生へ、武生から世界へ」と世界へ開かれた音楽創造の場をめざし、二一世紀に求められる作曲家の研鑽の場として始められたものです。世界の一級の音楽家を特別講師として迎え、レクチャーに加え、作曲の個人レッスンや公開レッスンが行われます。ワークショップ参加者の新曲が初演されるのも楽しみです。

さらに二〇〇五年には「武生国際夏季アカデミー」が新設されました。これは、若い演奏家が一流の演奏家の個人レッスンが受けられるという新人育成のための企画です。

音楽祭の期間中は、メイン会場となる武生市文化センター大ホールでのほか、学校、寺院、レストラン、病院、駅前広場、商店街などさまざまな場所で、五十近くのコンサートが繰り広げられ、街中に音楽があふれ、誰もが気軽に一流の演奏にふれることができます。

## 演奏家をホームステイ、音楽祭を支える市民ボランティア

武生国際音楽祭の良いところは、行政に頼りすぎず、市民がボランティアを組織して運営しているることです。国内外の音楽家の中には市民の家にホームステイをする場合もあります。市民ボランティアは、音楽を楽しむ土壌づくりと、自然と環境を大切にする、ゆとりある社会と生活の実現を目指し、より深く大きな感動を求めて、この音楽祭を継続してきました。

二〇〇四年には、「文化とものづくり」をテーマに「武生国際音楽祭二〇〇四音楽祭フォーラム」が開催されました。西川知事も参加したパネルディスカッションでは、これからのものづくりの方向性や可能性、情報発信のあり方、まちづくりなどについてさまざまな意見が交わされました。このように音楽祭を軸に、まちづくり、ものづくりへとつなげていく機運も生まれつつあります。

「演奏家の人の協力、見に来る観客、それとお手伝いする我々、その三つの調和がうまくとれないとなかなか盛り上がれません。演奏家の方も、聴きにこられた方も、ああ武生に来て本当に良かったなと、そういう満足感を与えることができて、喜んでいただければ、我々もまた喜ぶ。やはり、その気持ちがいちばん大事かな……」と上木理事長は考えています。

事務局長の山本有一郎さんも「私として思うのは、自分ができる精一杯、武生ができる精一杯のおもてなしを相手にしてあげることが大事かと思います。無理なことはダメなんだけど、精一杯のことをしてあげれば、相手に感動を与えると思うし、そういう気持ちが伝わっていくと思います。いまいちばん大切なのは、やはり自分ができるいちばん精一杯の努力をすること。誠意を込めて対処することが、我々ができる交流かなと思っています」と語ります。

## 音楽を通じた国際交流で、国際音楽都市を目指す武生

今後の活動について理事の白崎光也子さんは「私が目標とするところは、保育園の子供とか、小中学生や高校生が、あっ僕、こんな音楽、初めて聴いたとか、この楽器を初めて生で聴いたとか、そういう感動を一つひとつ大切にしていって、私もこういう音楽家になりたいとか、音楽に関わるところで仕事をしたいとか、外国の人と武生でふれあう機会をもって、通訳になりたいとか、これからの人生を開いていくうえでのきっかけをつくっていける音楽祭でありたいなと思っています」。

上木理事長は「うちの音楽祭の国際性というか、これから何十年も続けていくためには、もっと違う視点もあるのかなと、そういうこともいろいろな方たちに教えていただいて、単に武生の中の音楽祭ということではなくて、もっと大きく言えば、アジアや世界とか、そういう中での武生音楽祭というような生き残り方があることを教えていただいたように思います。そういう方向性も考えながら、この音楽祭を三十年、五十年、百年と続けていけそうな気はしてきました」と言います。

音楽を通した国際交流活動は、世界のアーチストたちの輪をつなぎ、武生のまちづくりにもさまざまな貢献をしてきました。武生国際音楽祭推進会議は、これからも音楽祭を通じて武生を世界に発信するためにさらなる飛躍をしたいと考えています。

interview 03

# 和紙の可能性を広げるアーティスト・イン・レジデンス

アーティスト・イン・レジデンス――美濃・紙の芸術村実行委員会
美濃市文化会館館長　村瀬 伸さん

**――設立の経緯についてお聞かせください。**

千三百年の歴史がある伝統の美濃紙、繊細で細かな風合いを持つ美濃紙。その温かな手触り、強靭さ、しなやかさ、その魅力をひとりでも多くの方に見て、触れて、体験していただきたいという思い、さらにはアートの世界を通じて和紙のよさを見直し、美濃紙の可能性を世界の人から学び、伝えたいという思いで取り組んでいます。

**――村瀬さんの団体内での活動内容についてお聞かせください。**

アーティストの方々をお招きするにあたり、ボランティア団体ではできない部分を補います。例えば予算、事業の計画（ボランティアの意見の集約）、通訳の手配、アーティストの行動計画、ホームステイ宅の依頼、その他ボランティアへの依頼事項（郵送、出欠の有無、車の手配等）、補助金申請などです。

**――活動に際してのご苦労などあれば、お聞かせください。**

当初は応募があるかどうか、どのような事業となるかが心配でした。アーティストが来日してからの通訳の手配、生活習慣や食べ物、病気の心配など。そして招へい期間、選考方法、和紙への取り組み、地域市民へのPR、ボランティアの募集、アーティストの募集定員、予算といったこと。さらには、ボランティア団体の自主性を重

んじる事業計画をめざしており、できることなら何をやってもよいという方針ですので、計画ありきではなく、「何がやりたいか」から始めるようにしており、そこに難しさもありますね。

**――設立時からの変遷についてお聞かせください。**

最初は六カ月の中で一〜三カ月間市に滞在すればよいというものでした。しかし、アーティストが入れ替わり立ち代りやってきては帰っていくことの繰り返しで、歓迎・送別のセレモニーなど同じことの繰り返しが多くあり、楽しい反面、大変忙しかった。そこで次年度からは九月〜一二月の三カ月を滞在期間として現在の形式になりました。

**――ターニングポイントになった出来事があれば、お聞かせください。**

最初の年、ふたりのアーティストが子どもを連れて参加したことがありました。しかも言葉がスペイン語（小三）とフランス語（小四・園児）です。この子どもたちを短期留学生とし、保育園と小学校で、日本の子どもと同じ扱いで学校に登校してもらいました。コミュニケーションはカタコトから始まりましたが、クラスの子どもたちは言葉が通じなくても柔軟に彼らを受け止めてくれ、学校―地域―児童とコミュニケーションが生まれ、彼らが親善大使の役目を果たしてくれたことで、この事業が話題となり現在へとつながりました。

**――スタート当初から変わったことはありますか。**

最初は、外国人アレルギーなのか、なかなか受け入れられなかったんですね。アーティストたちは、ホームステイ宅から工房への道のりも、どこか遠慮がちに通っていました。しかし、毎年違った国からアーティストが来ることが何年も続くうちに、朝夕の挨拶、買い物でのふれあい、そして近所付き合いの中からおやつ等の差し入れなどが始まって、いつしか町の人々も来年はどんな国からどんな人がやってくるのかなど、期待するようになってきました。

最近では町のどの人も、「あのアーティストさんは○○さんの家にホームステイしている人や。どんな作品を作ってくれるのやろか」と関心がどんどん大きくなってきています。いつしかアレルギーが消えたのかもしれません。次第に参加アーティストの国の数が多くなってきた今日、私はその国で起こる事件が気になる毎日で、世界が身近に感じられるこのごろです。

**――組織の中でも変化はありましたか。**

実務委員（ボランティア）の中で最初から関わっていただいている人が約半数おります。最近は、仕事の合間を縫って参加してくださる若い方が多くなってきました。しかも多くの方が何となくのカタコトでも海外のアーチストたちと会話を交わすようになりました。

最近ではセレモニーなど、どうしても通訳が必要な事業以外では、専門の方がいなくても会話が成り立っていくことが多くなりました。いつもどこかで誰かがアーティストと話をしている、という状況が生まれ、とても喜ばしく思っています。

**――地域や関係団体との関係は変わってきましたか。**

町の中心部だけでなく、周辺地域での活動に参加することも多くなりました。とくに学校への訪問、国際理解事業への参加、作品づくりのワークショップへの参加、また地域での公民館行事、そしてPTA母親委員会などに参加してきています。地域の人々が海外と自分たちの町のことを考え、語り合うなど、活発な異文化・国際交流が行われるようになりました。

**――どんなことを期待されているとお感じになりますか。**

まず、来年（二〇〇六年）の春に実施の準備を進めている、歴代アーティストが全員集合する十周年記念事業に多大な期待がかかっています。何人のアーティストが参加してくれるのか、またどのような事業が行われるのか、とても期待が大きいようです。また、十年目を迎える来年度は、九年間の実績による招へい事業を糧として、ニュー・アーティスト・イン・レジデンス事業を計画しており、さらにグレードアップを図っていきたいと考えています。

**――現代の若者についてお感じになることがあればお聞かせください。**

このプロジェクトには老若男女、面白いほどいろいろな人が集まってきているんですね。ボランティアや行事に参加してくださる高校生から老人まで、多くの世代にわたる方々、ホームステイ宅の幼稚園から老人までにいたるご家族を巻き込んだプロジェクトとなっています。アーティストを含め、このプロジェクトに若いうちから参加できた人はとても幸せだと思っています。

少しでも楽しいことが共有できたら、と考えています。若い人にはとくに世界各国の文化をもとに、少しでも交流ができる場を作り、国際交流の輪を広げてもらいたいと思っています。

**——今後の展望についてお聞かせください。**

インターネットなどの情報源が発達、拡大してきて、ますます世界が近くなっています。私のデスクのパソコンには、アーティストの作品展の様子、家族の様子、子どもたちの顔(特に赤ちゃん)が次々と届きます。そして参加アーティスト同士の出会いがあります。世界広しといえども、偶然とはすばらしいものです。展覧会場など、思わぬところで彼らやその家族が出会い、交流を深めています。アーティストも二度三度と美濃市へ里帰りして、さらなる親交を深めています。今後は美濃市の四季を紹介するとともに、何カ国かのアーティストが美濃市のことをPRしてくださることを、そして美濃紙を使った展覧会を世界中で繰り広げていただくことを切望しています。

03
とこなめ
国際やきものホーム
ステイ実行委員会

# 国際交流と常滑焼を活用したまちおこし

文化・芸術交流
（アーティスト・イン・レジデンス）

## 地域の伝統文化、焼きものを活用した町おこしアイデアとして提案される

とこなめ国際やきものホームステイは、毎年、夏休みの約四十日間、海外から二十名前後の陶芸家を招き、個々に作陶したものを共同で窯焚きして作品を制作し、やきものや日本文化に理解を深めると共に、ホームステイによる市民との触れ合いを楽しむ国際文化交流活動です。

古くからやきものの生産地として知られ、現在も窯業が主要産業の常滑市は、知多半島西海岸の中央部に位置し、やきものの歴史は九百年にも及びます。現在の常滑焼きは茶器や花器などが中心で、「やきもの散歩道」は常滑ならではの風景を楽しみながら、工房やギャラリーをめぐるスポットとして人気になっています。

一九八四年、青年会議所の公開例会で、常滑の代表的な地場産業であるやきものを生かして国際交流をやってみようという提案がありました。しかし、現実味に欠けるという理由で話は終わったかのように見えました。ところが一カ月程経ったとき、青年会議所のメンバーの呼びかけで、十一人が集められ、再びその提案がなされたのでした。そこで提出された基本計画案によると、実施時期は翌年の夏休み。会場は市内の小学校。海外からの参加者は全員市民の家にホームステイさせる。その参加費は八万円程度といった内容でした。

「とにかく、やるだけやってみよう」、熱心な推進派に押しきられた形で、とこなめ国際やきものホームステイ準備会が発足しました。資金は十一人が一万円ずつ出し合い、さらにメンバーのひとりが結婚資金として貯えていた貯金を流用し、予算を組みました。中学・高校の英語教師に英語の募集要項を作ってもらい、送り先は、英語圏の美術系大学と海外の陶芸家の組織を県立図書館の資料でリストアップしました。

## 一九八五年、夏。第一回ワークショップが無事開催される

「私たちのまち常滑は、九百年に及ぶ焼き物の歴史と伝統をもっています。この常滑でひと夏陶芸のワークショップを開催します。滞在は市民の家庭にホームステイします。あなたも参加してみませんか…」こんなメッセージが書かれた募集要項を世界各国に発送することから、「とこなめ国際やきものホームステイ」はスタートしました。

翌一九八五年四月、一通の手紙がアメリカから届きました。待ちに待った参加申し込み第一号でした。アメリカの女性で美術教師をしている陶芸家、しかも写真を見るとなかなかの美人です。「ひとりでも来てくれる人がいたら、その人のためにやるぞ」という意気込みで準備が進められました。幸いなことに、アメリカ、イギリス、オーストラリア、ジンバブエの四カ国から八人の参加者を得ることができました。

実行委員会のメンバーは、参加者に、何がやりたいか、何を見たいか、どんな事を学びたいかなどの要望を聞き、その要望に応えるべく奔走し、市内の陶芸家、窯業関係者の協力で、少しずつワークショップらしい形ができあがっていきました。

会場は夏休み中の小中学校の教室を利用します。ワークショップでは、各自が作品を制作するだけではなく、常滑焼きを始めとする日本の陶芸について学んだり、陶芸家のアトリエを見学したりと、さまざまな活動が行われます。ほかにもシンポジウムや小学生との書道交流会など、市民との交流の場も数多く設けられています。

ワークショップの最後には、参加者全員で協力しながら、大きな登り窯で窯入れを行い、作品を焼き上げます。こうした共同作業を通した交流をさかんに行うことでお互いの作品にもよい影響を与えています。

## 地域にすっかり根付いたワークショップ。国際交流の輪がどんどん広がっています

ワークショップが始まった頃は、外国人になれていない田舎町にやってきた海外からの客人に対して、町の人々は遠巻きにしていました。子どもたちは「ガイジン、ガイジン」とはやしたて、喫茶店のウェイトレスは外国人の客から目をそらし、実行委員ですら、できるだけ目を合わせないようにしている者が多かったのです。

しかし、次第に町の人たちの態度は変化していきました。まず、子どもたちが変わりました。外国人とすれ違った時、笑顔で自然にあいさつを交わすようになりました。会場では、タバコ屋のおばあちゃんが、毎日立ち寄ってくれる外国人と世間話ができるようになったし、焼き鳥屋のおじさんは、英語のメニューを作り、喫茶店でも、おどおどした態度をとる人はいなくなりました。自然に外国人とつき合うようになってきたのです。陶芸家、ホストファミリー、実行委員から地域の中へ交流が広がっています。夏の終わりには、常滑駅で、大きな荷物を抱えて帰国する

参加者に、人目もはばからず抱きつき、涙を流しながら再会を約束し合っている姿を見ることができます。

とこなめ国際やきものホームステイは、いまではすっかり地域に根をおろしています。二〇〇五年の段階で、参加者は三七ヵ国三二〇名にのぼります。過去の参加者が再び常滑を訪れたり、逆に常滑の陶芸家が海外の展覧会に参加するなどの交流が続いています。当初に考えていた以上に、住民の国際意識を高め、常滑の国際的なイメージアップに貢献しています。

実行委員会の人たちも、市民や陶芸作家の国際化に寄与できたことや、海外に多くの陶芸家のネットワークをもてたことを誇りに思えるようになりました。彼らはなにより「常滑のやきもの」が世界に誇り得る貴重な文化財産であることを確信できたことが、最大の収穫であったと思っています。

実行委員会では、これからも世界中のもっと多くの人に常滑焼のよさを知ってもらい、また多くの人と交流することによって自ら成長し、さらに魅力ある国際的町づくりをめざしていきたいと考えています。

09

いなみ国際木彫刻キャンプ実行委員会

# 木彫刻の公開制作で、国際交流をはかる

文化・芸術交流（アーティスト・イン・レジデンス）

## 木彫りを通して、世界とつながる木彫刻の町、井波

四年ごとに開かれている「いなみ国際木彫刻キャンプ」は、「木彫りを通して世界をつなぐ」をテーマに、海外及び国内から木彫刻作家を招請し、それぞれの民族、伝統、文化を表現する木彫刻作品を、原木から作品完成に至るまで野外で公開製作することにより、一般の人々も含め、お互いにコミュニケーションをはかり、国際理解と文化交流を深める国際交流イベントです。

富山県砺波平野にある井波町（現南砺市）は、金沢から車で約五十分ほどのところにあります。世界遺産の合掌集落で知られる白川郷五箇山山麓の山すそに広がる、人口約一万一千人の小さな町で、真宗大谷派瑞泉寺の門前町として栄えてきました。その瑞泉寺から生まれた寺社彫刻の技法が「井波彫刻」として受け継がれ、現在、井波を中心に一八〇軒の彫刻工房、約三百人の彫刻師が暮らし、国内最大の木彫刻集団を形成。欄間、ついたて、山車飾り、置物などの木彫作品を日本全国に供給しています。

彫刻家たちは、伝統を守る一方で芸術創造活動にも挑戦。多くの作家がさまざまな展覧会に出品してきました。一九八八年、ハンガリーで開催された木彫刻シンポジウムに井波町から二名の木彫刻作家が参加したことから、国際的な木彫刻イベントを実施しようという機運が生まれ、一

九九一年に、井波町開町六百年の記念事業のひとつとして、第一回「いなみ国際木彫刻キャンプ」がスタートしました。

## キャンプの運営を支える市民ボランティアたち

キャンプ期間中は、一般向けのワークショップ、写真展や氷彫刻のコンクール、世界民族音楽コンサートなどが企画され、町民や見学者と海外からの招聘作家の交流が盛んに行われています。参加体験型のイベントとして、ノミや槌を使って実際に木を彫る「原木にチャレンジ」、海外の彫刻家自慢の民族料理を作家と一緒に味わう「世界の食文化交流会」、手軽な作品づくりに挑戦できる「彫刻体験工房」など、多文化共生を楽しみ、実際に彫刻家や木に触れられる催しも人気を博しています。

開催と運営に当たっては、ボランティアスタッフが大きな役割を果たしています。通訳や作品制作の補助、会場の案内役、ニュースレターの制作などのために、毎回、町内外からボランティア約五百人が参加します。地元の中学生や高校生が清掃活動などに生き生きと参加。まちぐるみの取り組みで、多感な年代の子どもたちにいい刺激を与えています。富山大学の学生も通訳などで協力して、延べ二千人以上がボランティアで参加してきました。

木彫刻の技術を次の世代につなげていくこともキャンプの目的のひとつですが、個性豊かな世界の作家とじかに触れ合うことは、彫刻家志望の若者には、貴重な体験になるでしょう。

木を素材として開催されるイベントでは世界最大のものであり、作品の出来を競い合う「コンクール方式」ではなく、各国から招かれた作家と観客とが二十日間の制作期間でお互いの民族や伝統文化にふれられるよう「キャンプ方式」としたことが最大の特徴です。

「キャンプ方式」では、彫刻家が二週間近くかけて、会場の閑乗寺公園のあちこちで公開制作します。材料は各地から取り寄せたクスやクリ、タモ、オガタマなどで、長さ二〜三メートル、直径四十〜六十センチメートルの木材を使用します。連日、熱のこもった制作が行われ、ノミやチェンソーの音が、深夜まで公園に響くこともあります。国境や言葉の壁を越えた彫刻家との交流ができるとあって、連日、大勢の人々が閑乗寺公園を訪れます。一般の人が、その制作過程を自由に見ることができ、完成後の作品はパブリックアートとして会場や町内に展示されます。

## 井波の欄間彫刻も注目され、まちおこしも大成功

過去三回の招待作家は、四十カ国二一八名。来場者数は二三万人を超えました。期間中、招待彫刻家は、会場内の閑乗寺荘で、畳の生活に戸惑いながらも互いに交流し、共同生活を送りました。食事は、生活習慣の違いや宗教上の問題があるためとくに気を配りましたが、中には刺身やみそ汁などの日本食を希望する人もありました。

第一言語を英語とする国は少なく、通訳がいないときは、互いにジェスチャーをしたり、辞書を繰ったりしながら意思疎通をし、作家同士の絆をよりいっそう深いものにしています。

二〇〇三年のキャンプでは、国内外の招待作家ら約五百人が、アートのまちにふさわしい憩いの場となるよう願いを込め、同町の「芸術の森公園」に、四季を彩る十種類、約五百本を植樹しました。

また、豪華かつ精緻な井波の欄間が国際的に注目されるようになり、まちおこしとしても成功

しています。

「木彫りを通して世界をつなぐ」をキーワードに、国際化へ取り組み、国際性豊かな住民を育ててきた「いなみ国際木彫刻キャンプ」。これからも市民のネットワークを広げながら、さらなる国際理解に結びつけていくために、国際交流情報の拠点や在住外国人への情報提供について整備していこうと計画しています。次回のキャンプは二〇〇七年。あなたもこのキャンプに参加してみませんか。

10
アーティスト・イン・レジデンス
「美濃・紙の芸術村」実行委員会

# 世界のアーティストを招き、和紙のアートを世界に発信

文化・芸術交流（アーティスト・イン・レジデンス）

## 地場産業の美濃和紙の伝統を継ぎ、新たな可能性を追求

美濃市は、濃尾平野の最北端にあたり、岐阜県のほぼ中央に位置する人口約二万五千人の市です。江戸時代から明治、大正時代にかけて建造された歴史的な町家が数多く残る「うだつ」の上がる町並みであり、国の重要伝統的建造物群保存地区の選定を受けている、歴史と文化の香り高い街です。

市の中心部には「日本の名水百選」に選ばれた清流・長良川が流れ、美濃和紙の工芸・文化を育んできた板取川や片知川、そしてこれらの源となる自然豊かな山々に恵まれており、古来より豊かな水と緑の恩恵を受けてきました。電線類の地中化をはじめとする町並みの整備が全国的に評価され、「都市景観大賞・美しいまちなみ大賞」や「中部の未来創造大賞」など数多くの賞を受けています。

千三百年の伝統をもつ美濃和紙の産地としても知られ、江戸時代には、良質の和紙の産地として賑わい、かつては約五千戸の紙すきの家があったと言われています。その美濃和紙の伝統を継承し、新たな和紙の可能性を模索することを目的として、一九九七年から毎年五～七名のアーティストを招いてのアーティスト・イン・レジデンス事業を開始しています。最初は試行錯誤の連

続でしたが、文化庁との共催事業であったため比較的順調に運営されていたそうです。ところがその後文化庁の支援が打ち切られると事業予算はたちまち逼迫し、事業の打ち切りも検討されたようです。しかし、アーティストとの交流を何よりも楽しみとする市民ボランティアの熱意により継続されることになりました。

## アーティスト・イン・レジデンスとは

アーティスト・イン・レジデンス（ＡＩＲ）とは、国内外からアーティストを一定期間招へいして、滞在中の活動を支援する事業を指します。わが国では一九九〇年代前半から関心が高まり、主に地方自治体がその担い手となって取り組むケースが増えてきています。

欧米においては、一九五〇年代から一九六〇年代にかけて盛んになり、アーティストが異なった文化や環境に滞在することで、アーティストに構想や研究に没頭する時間を与え、創作活動に新たな展開を切り拓く自己研鑽や相互啓発の機会を提供するものとして実践されました。

ＡＩＲでは、滞在期間中に、スタジオを公開したり、トークやワークショップを行うなど、アーティストが何らかの手法で自らの活動を地域に公開することが求められています。交流プログラムによってアーティストの考えを知ったり、創造のプロセスに市民が参加することは、日ごろ芸術に触れる機会のない住民にも新たな回路を開くことになります。やり方次第では、美術館などでの作品と鑑賞者のような一方通行の関係では味わえない、双方向の交流による親近感と醍醐味を与えてくれることもあります。

美濃市の場合は、アーティストは主に一般の家庭にホームステイして生活を共にし、創作工房

もまちなかの空き工場跡を利用しているため、自然と日々の挨拶や会話など市民との交流が多くなり、和やかな雰囲気の中で創作活動が行われています。

創作活動において、美濃和紙を使うことが唯一の滞在条件ですが、初めて和紙に触れるアーティストも少なくありません。そんな彼らが、日本人や美濃市民の意表をつく創意あふれた作品を作り上げる、彼らの新鮮な発想から、今度は地元の美濃和紙や和紙工芸の職人たちが新たな紙の可能性を発見することにつながっています。

## 事業を支える市民ボランティアの熱意

まちづくりを進める上で重要な要素のひとつに、積極的な市民参加や市民活動が挙げられますが、「美濃・紙の芸術村」の最大の特徴が、企画・運営すべてを市民ボランティアが行っている点です。芸術家の受け入れから創作・交流活動等のすべてを、実行委員会のボランティアのメンバーが行っています。「美濃市が好きだから」「どんな形でもいいから参加したくて」というのが、その動機です。「昨年よりは今年、今年よりは来年」と、年々その意気込みが増してきていることが成功の大きな要因といえます。

アーティストの滞在期間は約三カ月。国内外の画家、絵本作家、彫刻家など六人の作家が市内にホームステイをして滞在します。芸術家たちには、和紙を使って創作活動をしてもらい、紙芸術・紙文化の向上をはかります。活動の成果は、十二月三日から二三日まで美濃和紙の里会館で展示公開されます。

## 新しい交流のあり方が期待される、滞在型の国際交流

　これまでに五六名のアーティストが参加しました。紙すき体験を通じて和紙の伝統文化を学び、彼ら独自の感覚で作り上げる創作活動や国際交流活動の広がりが評価され、二〇〇三年二月に「国際交流基金地域交流振興賞」を受賞し、二〇〇五年には市民青少年交流事業に対して助成金を受けました。参加アーティストが小学校や保育園へ出向き、子どもたちと一緒に作品づくりをし、母国の紹介などをして交流しています。

　二〇〇五年の招へいアーティストは、五人。スイス、アイスランド、イスラエル、トリニダード・トバゴ、日本からのアーティストがやってきます。

　滞在型の事業である「美濃・紙の芸術村」は、単にアーティストを招くのではなく、アーティストの感性や創造力を自分たちの地域に取り込もうというより積極的な姿勢が見られます。日本を訪れるアーティスト側も日本ならではの素材、技術を求めてやってきます。そして、自分の創作活動の転機となる体験を経験し、以前の作品とはまた一味違った作品を生み出していくこともたびたびです。それぞれが互いの刺激となる、インタラクティブな関係を生み出しています。

　滞在型交流では、どのような分野や内容で、人と地域をどうつないでいくのか、それぞれの地域で多様な試みが行われています。「アーティスト・イン・レジデンス」は、地域社会の人々が、芸術と国際交流の両方を身近に体験できる有意義な試みと言えます。芸術家同士だけの交流ではなく、地域ぐるみの活動となる点で注目すべき国際交流の一分野と言えるでしょう。

interview 04

# 言葉の壁を越えて、子どもたちの笑顔が世界を結ぶ

アジア太平洋こども会議・イン福岡　事務局長　木本香苗さん

**——設立の経緯をお聞かせください。**

一九八九年、福岡市政百周年を記念して行われた「アジア太平洋博覧会〜よかトピア」の参加事業として第一回目を盛大に開催したのが始まりです。当時、福岡のまちを国際化しようという願いをもっていた福岡青年会議所メンバーが、まちの国際化のためには、そこに住まう人たちとソフト面の国際化が必要だ、と大規模な子どもを主役とする国際交流事業を発案したのです。招へい国との折衝や資金調達など数多くの難題をクリアして、千人規模の大掛かりな事業を大成功に導きました。

他に類を見ない大規模な子どもたちの国際交流事業は好評を博し、二回目以降も継続を望む声が参加各国からも相次ぎました。福岡青年会議所はこの事業の意義を検証し、参加各国からの声にこたえる形で難題であった資金調達に積極果敢に取り組み、以後継続してこの事業を行う礎を作りました。

その後、回を重ねる中で、「アジア太平洋こども会議・イン福岡」招へい事業(APCC)は、福岡を代表する夏の恒例行事、子どもたちのための国際交流事業として定着し、多彩でユニークな子ども国際交流事業を発案しながら安定して発展してきています。組織の発展に伴って、市民ボランティアの参加の輪がますます広がり、二〇〇二年二月にはNPO法人化し、年間登録五百人から六百人を数える市民ボランティアが事業の企画、運営に深く携わっています。

**——どんな立場で、どのように関わられていますか。**

私の今の立場は事務局長です。毎年の事業運営の全体進捗状況を見つつ、恒常的な組織運営事務に理事と協議しながらあたっています。私たちの団体は、国際交流事業の企画運営を主体とするNPO法人としては珍しく大所帯の組織で、事業運営に直接関わる年間五百〜六百名の登録ボランティア、NPO法人を構成する理事、職員(五十名)のほか、常勤職員数も七〜八名に及びます(二〇〇五年十一月現在)。

ただ、ここ一、二年の大きな課題として、

私たちがこれまでに行ってきた事業の成果をさまざまな角度から検証し、中期的、長期的視野にたったビジョン構築と計画立案が求められています。

**——設立当初、活動に際してのご苦労があればお聞かせください。**

残念ながら私は設立当初、この事業に関わっておりませんでしたので、設立の労を担われた福岡青年会議所のOBの皆さんからお話を伺いました。皆さんおっしゃるのが、他に類を見ない突拍子もない一大事業を、何のノウハウもマニュアルもない中、手探りで作っていったその苦労は大変なものだったということです。アジア太平洋の多くの国々から子どもたちを呼び寄せようというのですから、どこにその話をもっていったらいいのか、まず、窓口開拓から必要でした。当時は国際交流、とくに子どもの国際交流を大々的に行うというのは珍しかったようですから、子どもが病気になったらどうするんだ、死人が出たらどうするんだ、と猛反対されたそうです。また国内参加者も含めてですが、千人規模の子どもの国際交流事業ということで、費用は二億円。いろんなところに寄附や助成のお願いをしてまわって、集めるのも大変な苦労だったようです。二回目以降、この大規模事業を継続する、というのもまた大きな苦労だったと聞きます。青年会議所は事業年度が一年区切りで、継続して何年も同じ事業を行うというのは稀だそうです。そんななかで、APCC事業については継続していく、そのための大変な労を担おうというのですから、この事業の価値や意義を認めさせていくことも大変だったと思います。

**——活動の変遷についてお聞かせください。**

基本になる事業は、アジア太平洋地域から十一歳の子どもたちを招へいし、福岡で交流の場を作っていく「招へい事業」です。これはいろんな工夫を加えながら、第一回当初から継続して行っているメイン事業です。しかし、規模の大きさ、参加者層の多様さから、これで完璧、という完成形がないのがこの事業の特徴だと思います。つまり、始まってから十七回を数えた今でも、毎年事業の工夫、プログラム修正は加えており、今後もさらに工夫の余地、さらに良いものにしていける余地があると思います。

その基本事業を大切に育てながら、時代のニーズや関わる人たちのニーズに応じて、新しい事業を加えていっている、ということも特徴です。一九九四年、第六回目のAPCCからは、福岡の子どもたちが、受け入れた子どもたちを逆に訪ねていって、海外の生活文化を体験する、という発想で「派遣事業」が始まりました。これも回を追うごとに工夫と改善を積み重ね、今では、福岡の小学四年生から中学三年生まで、海外で三泊以上のホームステイ、学校登校などを行います。高校生はリーダーとして参加し、現地でのホームステイを体験する、引率者もボランティアから公募して行ってもらう、という形式になってきています。

**――活動のターニングポイントとなった出来事があればお聞かせください。**

十周年記念事業として一九八八年に行った「ブリッジ事業」です。APCCへの参加を、一回きりのイベントとして終わらせたくないという思い、平和と共生にむけて実際活動を起こしていく若者たちをつなぎとめ、そのネットワークの連携を強化していこうと、組織「ブリッジクラブ」の設立をこれまでの参加者たちに提唱しました。第十回の招へい事業開催時に、その呼びかけに応じた各国の過去の参加者たち「ピース大使」が総勢六十名ほど福岡に集まり、ブリッジクラブの設立や展開について意見を交換しました。それ以来、毎年、ピース大使として過去の参加者を再び招へいする事業を続けています。今では、バングラデシュやスリランカ、ブータンなどの国々を中心に、ピース大使らによってブリッジクラブが設立され、地域支援のボランティア活動が活発に行われています。

**――活動を継続する中での組織内の変化はあったのでしょうか。**

事業を企画し、準備し、実際運営する過程に市民ボランティアが積極的に関わっている点だと思います。第十回頃までは、青年会議所メンバーが運営の多くの部分にボランティアとして関わっていました。しかし、十回(一九九八年)以降、とくにNPO法人化に向けて動いていた十三回(二〇〇一年)ころから市民の参加度合いが増え、事業運営を担うチーム(部会と呼んでいます)ごとに、どんな企画にどれくらいの予算を使うのか、それは適正かなどみんなで意見を出し合い、確認しながら合意して進めていくスタイルが確立できてきました。ボランティアによる事業運営ですが、だからといっていい加減に、あいまいに進めるのではなく、みんなで民主的に合意形成しながら進めることができるようになってきています。

**――地域や関係団体との関係には変化はありましたか。**

招へい事業において、海外からやってくる十一歳のこども大使たち(一ヵ国六～八名)は国ごとの単位で市町村など行政や学校に受け入れていただいています。長年、子どもたちの受け入れを担ってくれている行政や学校などの窓口は、APCC事業への参画を年間スケジュールの中に組み入れて、例えば学校の姉妹校提携のように、より効果的に活用しようとしています。また初めてAPCCに参加しようと考える自治体などは、自分たちの市町村単独では乗り出せない国際交流事業に、APCCという既存の枠組みをうまく使うという利点も感じながら参画してもらっているようです。

**――これからどのようなことを期待されていますか。**

国際交流事業というのは子どもたちにとっても、一般市民にとっても入りやすい、間口の大きな入り口だと思います。国際交流への関わり、参加をきっかけに、世界のさまざまな国や文化に対する興味を強める人、そこから地域間格差の問題や世界に存在する問題の解決に向けての意欲を高める人なども出てくると思います。そのように、世界に対する視野を広げ、実際の活動の幅も広げていけるような人材育成の働きかけも行っていければいいのではないかと思います。国際交流、国際協力、人権教育、環境教育など分野ごとに切り分けるのではなく、いろんな分野の活動体が協力し合って、来るべき時代を担う真の地球市民を育成していく取り組みが求められているのではないでしょうか。

**――現在の若者についてお感じになることがあればお聞かせください。**

APCC事業のボランティアの約七割は高校生、大学生を中心とする青年世代の人たちです。彼らを見ていると、「いまどきの若者は夢がない、努力をしない」と切り捨てられるばかりではないなと思います。確かに最初は自分の意思ではなく、誘われてとか、友だちが行くから、という消極的な理由で参加する人たちもいますが、ボランティア活動にのめりこんでいくうちに、「人から必要とされていることを実感」し、それが自尊心の向上につながり、夢と希望をもってそれに向かっていける勇気を体得しているように思います。APCCに関わる若者たちは本当に一生懸命で、存分に自分のもてる力を発揮した達成感、満足感で良い表情を見せてくれます。

**――今後の展望・目標についてお聞かせください。**

明確なそして夢のあるビジョンを掲げ、中期・長期的展望を打ち出して、事業に関わる人たちがめざすべき指標を見失わないようにしていきたいと思います。

事業を始めて十七年が経過し、第十八回目の事業年度に入ったところですが、これまでの事業成果を検証し、五年後、十年後の展開を見据えた上で、第二十回目の事業をどのように展開していくか、考えていきたいと思っています。

また、新たな展開として、夏、春の事業だけではなく、日本の子どもだちと年間を通して関わり、地球市民として育成していけるような教育プログラムを開発し、事業化していきたいとも思っています。

11 太鼓集団 蒲生郷太鼓坊主

# まちおこしから日韓交流へ発展

## 太鼓たたいて、まちおこし——まちの文化活動から誕生した太鼓集団

鹿児島県姶良郡蒲生町は、いまも武家屋敷の面影が残る、歴史の町。司馬遼太郎も、『街道をゆく』の中で、関ヶ原の戦いから西南の役、日清、日露、大東亜戦争までの蒲生武士の生き方を紹介する文章を記しています。

この町のシンボルは、推定樹齢千五百年の「日本一の大楠」。この巨木のそびえる蒲生の町で、まちおこしの運動として結成されたのが、「太鼓集団・蒲生郷太鼓坊主」です。

太鼓坊主の歴史は一九七九年に遡ります。同年は蒲生町町制五十周年。これを記念し、当時の町社会教育課長が青年団有志に呼びかけ、蒲生町の文化活動として太鼓の稽古を開始。記念式典において「蒲生青年大楠太鼓」としてデビューしたのが始まりです。

二年後、のちに初代会主となる田中久嗣氏が町の社会教育指導員として赴任し、「大楠太鼓」の面倒を見始めました。一九八六年四月、もっと自由に活動できる太鼓グループでありたいと願うメンバーが集まり、町から独立した「太鼓集団蒲生郷太鼓坊主」を結成。太鼓坊主は「てこぼうず」と読みます。「てこ」は太鼓の方言であり、「坊主」にはいつまでも少年のように伸びやかであろうとの意志が込められての命名です。

文化・芸術交流（伝統文化）

翌一九八七年、南方圏交流センターが主催した日韓コグマ交流（コグマとは韓国語でサツマイモのこと）で来日した、韓国学生のホームステイを、団員のひとりが受け入れたことから、太鼓坊主と韓国の深い交流が始まりました。韓国太鼓チャンゴの演奏者であった漢陽《ハニャン》大学校生の張承《チャンスン》勲《フン》さんが、蒲生の和太鼓に興味を持ち、「ぜひソウルで共演してみたい」と申し出たのです。

## 民間レベルでは、戦後初の公演が実現。日韓交流の幕を開ける

日韓のコグマ交流とは、韓国中央大学校等で日本語と日本文学を学ぶ学生とホームステイを通じての交流で、伝統の上に育まれた日本の和太鼓を見直し、さらに受け継ぎ発展させることを目的としています。

翌一九八八年十月、「第一回蒲生郷太鼓坊主・コグマロード」が、外務省、鹿児島県、蒲生町、(財)からいも交流財団他の後援によって、ソウル市近郊の韓国民俗村で開催されました。まだ日本文化に対する根強い不信感が残っていた韓国では、一九四五年八月以来、最初の民間レベルの文芸分野における日韓交流となりました。

韓国文化・音楽との出会いは、太鼓坊主のビートやリズムに大きな影響を与え、彼らの音楽のオリジナリティーをつくりあげています。韓国との交流は、コグマ交流やからいも交流を通して、何年間にもわたって継続しています。

一九九六年七月には「サッカーワールドカップ日韓共同開催」を記念する演奏会に参加。韓国国立劇場前で日本の音楽団体の演奏が許されたのは「太鼓坊主」が初めてです。翌一九九七年八月には、「青少年交流“ふれあう旅”『韓国』」を実施。

また、韓国のほかにもニュージーランド、シンガポールへと活動の輪を広げています。演奏以外にも、ニュージーランド行きの資金確保のために、農業研修に行く人たちと一緒にトウモロコシを栽培したり、アイガモを使った有機農業の体験コメづくりに挑戦したり、さまざまな交流活動を行っています。

太鼓坊主は、自由な発想、手づくりの活動、積極的な交流を基本に、国内外のさまざまな文化に触れながら、伝統の楽器「太鼓」の魅力を継承発展させる活動に取り組んでいます。

## ふれあう旅、韓国で、まちぐるみの日韓交流

十一月になると、大楠のそびえ立つ八幡神社で行われる「大楠どんとあきまつり」では、五穀豊穣への感謝を込めて、太鼓坊主のたたく太鼓の音が鳴り響きます。この祭りは、一九八九年、八幡神社の大楠が日本一と認定されたのを機に、町の誇りである大楠にあやかり「太鼓坊主」の参加で始められた秋祭りです。友情参加の「ソウル国樂芸術高等学校」の生徒たちの演奏や舞踊が、蒲生の秋を国際色に彩ります。

「独立直後は大変でした。若かったとは言え、太鼓やトラック代の借金返済に追われ百回近い公演に走り回った年もあります。思う存分太鼓を叩ける練習場が欲しくて、山を切り開いて小屋を建てましたが、マムシが怖くて女性一人では近寄れません。冬寒く、夏暑い小屋に発電機を持ち込んでの練習でした。十五年間無我夢中で走ってきました。国際交流やまちおこしなどと周囲からほめられると戸惑ってしまいます。自分たちの子どもを充分構ってやれなかったのが少し心残りです」と彼等は言う。

メンバーは、職業もさまざま。初代会主の田中さんは薬局店主、ほかにも菜種油製造業、韓国語教師、散髪屋さんと、それぞれ責任ある仕事をこなしながら、週二回の夜間練習、年間三十数回の公演活動に取り組んでいます。

誰も楽譜が読めないのに、彼等の持ち曲は全て創作です。日本の和太鼓、篠笛に加え、韓国を始めとするアジア各国の楽器やリズムを採り入れた演奏は、カラフルで自由なワールドミュージックです。

太鼓坊主に活動が起点となって、蒲生町では、町内の小中学生、高校生が韓国を訪問し、ホームステイを通して生活文化交流する「ふれあう旅、韓国」を毎年夏休みに行っています。八回目の今年は、八月七日からの四日間、二三人の子どもたちが参加して行われました。事前の研修会を重ね、韓国の歴史や言葉について学んだ参加者は、二、三人に分かれてホームステイし、韓国の家庭生活に触れ、楽しく交流することで、「言葉は通じなくても心は通じる」ことを身をもって体験してきました。「和をもって輪と成す」和太鼓の響きは、こうして着々と人と人、文化と文化の輪を広げています。

12 琉球國祭り太鼓

# 沖縄の迎恩の心を響かせるエイサーの伝道師

## 琉球太鼓の伝統をニューミュージックと独自の振り付けで上演

沖縄音楽と言えば、なんといっても三線を弾きながら歌う民謡、島唄が有名ですが、さまざまな太鼓の芸能もよく知られています。琉球王府の時代に宮廷で発展した古典音楽で、国の重要無形文化財に認定されている「組踊音楽太鼓」、国王の行列の際、先頭で演奏された「路地楽」、そしてもっともポピュラーな民族芸能のエイサーなどが琉球太鼓として知られています。

お盆に盆踊りが行われるように、沖縄ではエイサーは旧盆に行われます。現在は県内各地、北部や南部をはじめ、島のあらゆるところで見ることができますが、とくに盛んな地域は中部の沖縄市や与勝地域だと言われます。

エイサーは旗頭、太鼓踊、手踊、チョンダラー、地謡で構成され、太鼓は大太鼓、締太鼓、パーランクーの三種類。細い路地を百人近い隊列が唄い、踊り、練り歩く様はたいへん壮観です。

「琉球國祭り太鼓」は、一九八二年に沖縄市で結成された創作エイサー団体の草分けです。彼らの太鼓は、エイサーを基本にしながらも、伝統的な沖縄民謡だけではなく、沖縄ポップスやロックに合わせて太鼓を打ち鳴らし、棒術や空手の型をとりいれたパフォーマンス性の高い独自の振付が特徴です。また、太鼓を使って踊るだけでなく、中国の獅子舞や龍、また「よさこいソー

文化・芸術交流（伝統文化）

ラン踊り」を取り入れた曲では鳴子なども使用しており、いろいろな国や地域の文化が融合しています。

## 全国の地域イベントに出没、若者たちを虜にするエイサー集団

また、シマのエイサーでは、女性が手踊り主体であったのに対して、この団体では性別や年齢に関係なく、太鼓をもってダイナミックに躍ることも特徴のひとつです。近年では、毎年八月に行われている「一万人エイサーおどり祭り」の中心的役割を果たしています。

彼らは民族芸能としてのエイサーが、そこに住む人々によるシマのための芸能であったのに対して、出身地を問わずに集まり、イベント参加など、地域を越えた活動を積極的に行っています。もう二十年にわたって、沖縄の伝統に立脚した新たな芸能文化の創造とその発信を続け、小学生から若者に至る、青少年の育成に貢献しています。

一九九八年二月には「長野オリンピック文化芸術祭」、また同年八月にはアルゼンチンで開催された「沖縄県人南米移住九十周年記念祭」にも参加しました。

結成以来、沖縄県内だけでなく、県外や海外にも活動を広げ、東京国立劇場やニューヨークのカーネギーホールといった大舞台をはじめ、ヨーロッパ、オーストラリア、シンガポール、インドネシア、中国、台湾など、毎年十回以上の海外遠征をこなしています。フランス公演では、大盛況で公演の翌日には「すばらしかった！」「感動した！」という電話が殺到しました。また、滞在期間中は、メンバーがホームステイをするという今までにない遠征で、現地の人たちと本当の国際交流を体験しました。

日本各地で行われる地域イベントにも、積極的に参加しています。沖縄全島エイサーまつりは当然として、横浜どんたく、札幌雪まつり、横浜博覧会、大阪花と緑の博覧会、加賀百万石祭り、青森ねぶた祭り、三重まつり博覧会、徳島・阿波踊り、よさこいソーランまつり（北海道）、長野オリンピック文化芸術祭、沖縄サミット、インパク（インターネット博覧会）開会式、沖縄トリムマラソン、世界帆船フェスティバル、東村つつじまつり、新宿まつりと、引っ張りだこの人気者です。

## 言葉の壁を超えるエイサーの魅力。世界に響く、琉球太鼓の音色

二〇〇五年八月には、国際博覧会「愛知万博　愛・地球博」の公式イベント〝地球大交流祭〟に、七日間の日程で参加し、愛・地球広場のメインステージで連日一時間にわたる公演を行いました。

一九八二年、沖縄市の泡瀬を中心とした若者たちによって結成されて以来、彼らは沖縄が大切にしてきた「迎恩」の心をうちひびかせてきました。二〇〇五年現在、会員数は沖縄県内に名護、宜野座、具志川、沖縄、西原、与那原、那覇、豊見城、糸満、石垣、宮古の十一支部約三百名、県外では北海道、東京、神奈川、岐阜、栃木、愛知、京都、関西、香川、愛媛、徳島、長崎、熊本、福岡、鹿児島（沖永良部）、そして海外ではアメリカ、ハワイ、ブラジル、アルゼンチン、ペルー、ボリビア、メキシコにも支部があり、総勢約千五百名あまりの世界規模での広がりをみせています。米国、中南米諸国、アジア諸国での日本文化紹介行事、移住記念行事等への参加や米国、ブラジル、アルゼンチン、ペルーなどでの海外支部活動を通じた海外への普及にも力をい

れており、こうした一連の活動が、沖縄文化の存在を海外に対して印象付けた功績はきわめて大きいものがあります。

エイサーは、徳島の阿波踊りのように、各地でまちおこしのイベントとして広がりを見せていますが、その火付け役となったのが「琉球國祭り太鼓」です。今や沖縄を代表し、若者に圧倒的な人気を誇る太鼓集団。数多くの海外公演を行い、沖縄の伝統に根ざした芸能文化の創造に取り組んでいます。

13 八日市大凧保存会

# 凧を通した国際交流で、まちを活性化

## 江戸時代からの凧揚げの風習を継承発展し、まちおこしにつなげる

世界中で、凧のない国はないと言われるほど、凧は人気者です。日本全国で凧の愛好会は百を超えます。また凧揚げを名物とする町も全国にいくつかあります。その中で、もっとも有名なのが、滋賀県東近江市の八日市の大凧揚げでしょう。八日市は、琵琶湖の東、水と緑に恵まれた鈴鹿連峰を望む湖東平野の中央部に位置し、聖徳太子が「市」を開いた町と伝えられる、古くから市場町として栄えてきたまちです。八日市の大凧は江戸時代の中頃、男子の出生を祝って五月の節句に鯉のぼりと一緒に揚げたのが始まりとされています。最初の頃は小さな凧であったものが、当時の金屋、中野、芝原の村落が互いに競争し、近江人の特有の負けん気と技術の進歩、大凧を揚げるのに適した広大な場所「沖野ガ原」があったことから、凧は次第に大きくなっていったと言われています。

一九八四年の八日市市制三十周年（現・東近江市）を記念し、二二〇畳敷の大凧（縦二〇・五メートル、横一九メートル、総重量一・五トン）を揚げて以来、市を挙げて毎年五月の第四日曜日を「八日市大凧まつり」の日と定め、八日市大凧保存会が中心となって、百畳敷大凧を高く舞い揚げています。

伝統文化

当日は、市民が二畳敷以上の凧を作って参加する「ミニ八日市大凧コンテスト」や全国の凧の保存会や愛好家などの特色ある凧も大空を舞い、観衆も四万人を超すほどの盛況ぶりです。年によっては、海外から著名なカイトアーティストも訪れ、凧を媒体とした国際交流も盛んに行われています。

## 世界に誇る大凧づくりの技術、過去には、畳二四〇枚分の大凧も

大凧は、国や地方の大きな出来事や祝い事があるときにも揚げられてきました。過去には日清戦争終結時や日本の国連加盟を祝って揚げられたこともあり、毎年の成人の日には二十畳敷の大凧が舞い揚がります。

八日市大凧づくりの技術は秘伝として、江戸時代以来、村人たちによって伝えられてきましたが、現在では一九五三年に結成された八日市大凧保存会によってノウハウが受け継がれ、毎年のイベントに活かされています。凧は国により地方により、また時代によって、その形や姿、大きさは千差万別ですが、八日市大凧の最大の特長は何と言ってもその大きさにあります。過去最大のものとしては明治十五年に揚げられた、畳二四〇枚分という記録が残っています。平均でも畳百枚分以上の大きさになり、まさに日本一の大きさを誇ります。また飛揚滞空時間としては、一九九三年に二百メートルの高さで二時間五分という記録が百畳敷の大凧で達成されています。

八日市大凧は、凧の上部に鳥や魚などを墨の濃淡で描き、下部には朱色の大文字を描いて、描かれた図柄と文字を組み合わせて意味をもたせています。「判じもん」と呼ばれる、時代や世相を反映したものや祝い言葉、メッセージなどが込められた図柄です。二〇〇二～二〇〇四年の

三年間使用された百畳大凧は、上部に二羽の尾長鳥が左右対称に一羽ずつ描かれ、下部の朱文字「輝」と併せて「一人ひとりが輝くとき」という意味を表現したものでした。

図柄に沿って切り抜きをつくり、凧を揚げる時の風に対する抵抗を少なくして揚げ糸の強度と凧のバランスを保つようにつくられていますが、これが切り抜き工法と呼ばれるものです。また、凧の縦の丸骨が外れ、下から巻いて収納・運搬できる「長巻き工法」という製作技術でつくられています。天保年間に考え出されたと言われていますが、これによってどんな大きな凧でも製作場所から会場までトレーラーで運搬することができるので、イギリス、中国、シンガポール、オーストラリア、フランスまで遠征し、国際舞台でも活躍しています。

八日市大凧保存会の海外交流のひとつが、一九八一年にロンドンで行われた「大江戸」展への参加です。日本文化の一翼として、八十畳もの大凧をつくって駆けつけました。

「飛行機に積み込むのは本当に大変でした」と会員の中村章さんは振り返ります。

「ところが苦労の甲斐なく悪天候に見舞われてあげることもできなかったのです。悔しい思いをしました」。和紙と竹だけでできているといっても大凧の重量は相当なもの。絶好の風が吹かなければなかなかあがりません。しかし、肩を落とす中村さんたちに、地元の人々から「はるばる来てくれてありがとう」と暖かい言葉がかけられました。八日市大凧保存会はその後も、中国やフランスなどへ出かけて行っては、三十から百畳にもおよぶ大凧をあげてきました。

「機会があれば海外にもできるだけ行きたい。またその反対に、毎年行っている『大凧祭り』には海外から大勢の人に参加してもらいたいですね」（中村さん）。

天候や風などの自然の前では、蓄積されたノウハウというものはありません。それが難しくもあり、楽しくもある……、海外の人々を惹きつける所以でもあるのでしょう。そして、こうした活動は外からだけでなく、国内からの注目も集める結果となったのです。

## 「大凧と緑のまち」をキャッチフレーズに、さまざまな市民活動が活発に展開

伝統文化の八日市大凧は、「近江八日市大凧揚げ習俗」として、平成五年、文化庁より無形民俗文化財に指定されています。旧八日市市はこの日本一の八日市大凧を活かしたまちづくりをするため、「大凧と緑のまち　八日市」をキャッチフレーズに、まちづくりの拠点施設として「世界凧博物館・八日市大凧会館」を平成三年に開館しました。

世界凧博物館には、八日市大凧の実物と関係資料をはじめ、日本および世界各地のさまざまな凧が色とりどりに展示されています。一階展示ホール吹抜けの壁面に架けられた百畳大凧、成人式で揚げられた数々の二十畳凧ミニチュア、過去の話題になった大凧の記録資料や写真、太さが二十ミリメートルもある「揚げ綱」の実物、長巻き工法によって巻かれた大凧のサンプルなど、教材がたっぷり展示されています。また映像室では迫力ある百畳大凧飛揚の様子や製作現場の様子をはじめ大凧の魅力を大画面で見る事ができます。一階展示ホールには、百畳敷大凧の実物を中心に、過去の大凧のミニチュア、製作過程や製作道具なども展示し、八日市大凧のすべてが分かるようにしています。また、映像室では、大凧の飛揚や製作過程なども見ることができます。二階展示室は、日本の凧と世界の凧のコーナーに分かれており、収蔵総点数一八〇二点の中から、常時約四百点を展示しています。また、凧を展示する場だけでなく、百畳敷大凧が製作可能な広さをもつ別館もあり、凧作り教室や市民による凧作りの場として多く利用され、先人から伝えられた凧の製作技術を熟練した高齢者が若者に伝えています。

14 アース・セレブレーション実行委員会

# 鼓童と共に、新たな地球文化を創る

## 佐渡に生まれた、最先端のワールドミュージックフェスティバル

「アース・セレブレーション実行委員会」は、新潟県佐渡を拠点に、太鼓の演奏を中心とした伝統的な芸能集団「鼓童」が中心となって毎年開催されている国際芸術イベント「アース・セレブレーション」の主催団体です。

この国際芸術祭は、一九八八年、鼓童が佐渡の小木町に活動の拠点を置いたことを契機に、地域の活性化と国際交流を目的として開始されました。佐渡の豊かな自然を舞台に、鼓童のメンバーが日本や世界で出会ったミュージシャンやアーティストを招き、新しい地球文化を探る祭典です。十八回目になる二〇〇五年は、スペイン・ガリシア地方のケルト文化、北海道のアイヌ文化、ハワイ、佐渡の文化をテーマにとりあげ、コンサートのほか、ワークショップ、セミナーなど、多彩なイベントが繰り広げられ、世界各国から多数の聴衆が集まりました。

「アース・セレブレーション」は、ニューヨークタイムス紙に日本で最先端のワールドミュージックイベントと評されています。一九九七年には財団法人鼓童文化財団を設立。研修所の運営や調査研究、ワークショップの実施なども行うようになっています。

鼓童のメンバーは言います。「私たちがこの地球の祝祭と共に歳月を重ねる中で、大地を寿ぐ

文化・芸術交流（フェスティバル）

ゆるやかな共同体が育ってきていることを感じます。それは、アース・セレブレーションを通じて、さまざまなモノや情報が交換されるなかで生まれてきたネットワークであり、自然と共に暮らしてきた人々の智恵や価値観を共有する人々の輪の広がりです」。

## ひとつの地球を訴え、国境を越えて響く、原初の鼓動

「鼓童」は、おそらく世界でもっとも有名な和太鼓集団です。彼らは限りなく静寂に近い音から、稲妻のようにとどろく衝撃音まで、自在に繰り出しながら、世界中で原初の神秘な力を見せつけています。結成されたのは一九八〇年。和太鼓だけでなく、西洋のリズムや音楽要素を取り入れたスタイルでもレコーディングしており、オリジナリティに富んだアースミュージックの創作に取り組んでいます。

衝撃的なデビューは、一九八一年のベルリン芸術祭でした。「ひとつの地球」を掲げ、言葉や文化の違いを越えた「共感共同体」をつくるべく、彼らは“ワン・アース・ツアー”という公演活動を行ってきました。一年の三分の一を海外ツアー、三分の一を国内ツアー、そして残りの三分の一を本拠地の佐渡で過ごしています。

これまでの公演は四二カ国二千八百回を超えます。そして日本を代表する芸能集団として、世界各地で高い評価を得ています。二〇〇一年には、日本人音楽家では初めて、ノルウェーでのノーベル平和賞コンサートに出演。二〇〇二年は、日韓ワールドカップ公式アンセム曲への参加やオフィシャル・コンサートなどに出演。二〇〇三年には、歌舞伎俳優、坂東玉三郎演出による「鼓童ワン・アース・ツアースペシャル」公演を五都市で開催しました。二〇〇四年は「アー

ス・セレブレーション」での単独公演に加えて、ルーマニアのジプシーブラスバンド「ファンファーレ・チォカリーア」との共演を果たしました。

太鼓を中心とした伝統的な音楽芸能に無限の可能性を見出し、現代への再創造を試みる集団「鼓童」。その名は、人間にとって基本的なリズムである、心臓の「鼓動」からとった名前です。太鼓の響きが母親の胎内で聞いた最初の音、心臓の鼓動につながることからきたものです。そしてそこには、「童」のように何ものにもとらわれることなく、無心に太鼓をたたいていきたいという願いがこめられています。

## 佐渡を拠点に、世界を癒す音楽と地球文化の創造をめざして

鼓童が拠点としている佐渡は、徳川幕府の財政を支えた金山を有し、北前船と呼ばれる大阪と東北、北海道を往来する交易船の中核地点として栄えたところであり、暖流と寒流が交わり、気候的にも文化的にも日本の縮図のような島です。江戸時代に天領であった佐渡は、かつて世阿弥などが配流されたこともあり、畑仕事をしながら謡曲を口ずさむ人々によって、今も三十余の能舞台が残っている土地です。また和太鼓では、佐渡の伝統芸能の「鬼太鼓」が知られています。

しかし、鼓童はそうした佐渡の伝統芸能を継承している保存団体ではありません。芸能の宝庫に拠点をおき、佐渡という土地から間接的に受けている影響は計りしれないものの、佐渡伝統「鬼太鼓」の影響は受けていないと言います。彼らの前身のグループ名が「佐渡の國鬼太鼓座」であったため、よく混同されますが、現在の「鬼太鼓座」とも全く関係がないとのことです。

彼らが佐渡に拠点を設けたのは、日本の伝統芸能・工芸を学ぶ大学を佐渡につくろう、そのた

めに太鼓をもって世界中へネットワークをつくり、資金集めを行おうということだったのです。現在の鼓童は太鼓を中心とした演奏活動で、日本で最も多く海外公演を行っている集団になっていますが、当初の計画は鼓童文化財団や鼓童村構想として、今も形を変えてつながっています。

太鼓の「太」は尊いもの、「鼓」には励ますという意味があります。局地戦争、紛争、テロ…。争いを鎮め、癒やし、大切なものを感じてもらう演奏を、鼓童の旅の中でやっていきたい、そうメンバーは思っています。

鼓童村は、民俗芸能・工芸などの伝統文化の調査研究や修得および再創造を通じて、特色ある地域文化を創り出すと同時に、世界中から集まった人々との交流の中から地球文化を模索し、生み出していく場でもあります。豊かな自然と独特の文化・歴史をもつ佐渡は、こうした活動に理想的な場所といえます。「アース・セレブレーション」は、世界各地の民族音楽や芸能の専門家、研究者を招き、佐渡の自然の中で新しい「地球文化」の可能性を探るとともに、各地の伝統文化の紹介を通じてその振興をはかることを目的としています。海外からの参加を積極的に働きかけ、国際交流を促進し、次の世代への芸術的な基盤形成につとめます。メンバーは、この国際芸術祭を、今後ともさらに質的に向上させながら継続して実施していく意向です。

15 アジア太平洋こども会議・イン福岡

# ボランティアとOBたちが子ども大使を支える

## 地域イベント、よかとピアから生まれた、アジアと福岡市民の架け橋

「アジア太平洋こども会議・イン福岡」(APCC～The Asian-Pacific Children's Convention in FUKUOKA)は、"We are the BRIDGE"「つなげます。世界の夢を」をスローガンに掲げ、日本をはじめとするアジア太平洋地域の子どもたちに対して、異文化に触れ、お互い理解し合うための国際交流の場を提供している特定非営利活動法人です。一九八九年に開かれた「アジア太平洋博覧会(よかとピア)」の記念事業として、福岡市青年会議所の呼びかけで始まりました。

さまざまな事業に取り組んでいますが、代表的なものが招へい事業です。アジア太平洋各地から子どもたちを招へいし、日本に対する理解を深めてもらい、同時に、未来を担う子どもたちにアジア太平洋の多様性と異文化理解の大切さを実感してもらいます。キャンプやホームステイ、学校登校などを通じて、言葉や習慣の違いを身をもって体験することで、お互いを分かり合い、思いやる気持ちを育みます。また、こうした経験によって、世界を見つめる「地球人」を育て、世界を平和へと導ける人材を育成することをめざしてます。

参加する子どもたちの選考基準は、国によって条件が異なり、例えば踊りが上手な子どもだったり、成績優秀の子どもだったりといろいろのようです。

青少年交流

招へいされる各国・地域の子どもたちは「こども大使」（JA＝ジュニア・アンバサダー）と呼ばれます。航空運賃の子ども料金の適用が十一歳までという理由から、いずれも年齢は十一歳と決められており、母国を代表する民間の外交官という意味で「大使」と呼ばれます。

## ホームステイで、日本の家庭や地域と交流する「こども大使」たちの二週間

二〇〇五年には七月十三日～十五日にかけて、三三カ国・地域から四三団、三一四名の「こども大使」、二十名の「ピース大使」、四四名の「シャペロン」の計三七八名が福岡にやってきました。その年は「エナコロジーこども国際フォーラム」という会議が開催され、「こども大使」と日本の子どもたちが地球環境について発表しました。

空港では、ＡＰＣＣの交通運輸部門であるウェルカム部会が現地の言葉で声をかけながら、次々に到着するこども大使を笑顔で歓迎します。長旅で子どもたちが体調を崩していないかチェックするのも、彼らの仕事です。

はじめに各地からやってきた「こども大使」たちが一堂に集まり、ホームステイに備えての学習と相互の交流を図るため、交流キャンプを開きます。そこでボランティアのスタッフが紹介してくれる日本の文化や遊びも体験し、ほかの国からの友だちもたくさんつくります。

子どもたちを引率する大人の同行者の方々をシャペロンと呼びます。各国から一名選抜されて、福岡までの往復路の引率をはじめ、滞在中の「こども大使」のケアなどを行います。また、シャペロンシンポジウムに出席し、子どもたちを取り巻くさまざまな社会・教育環境などについて、熱のこもった意見交換を行い、交流を深めます。

「こども大使」は、全員、日本の家族の一員となって生活や文化を身をもって体験します。カタコトの言葉と身ぶり手ぶりで精一杯心を通わせあう子どもたち。きっと毎日が新鮮な感動と驚きの連続でしょう。

「こども大使」が福岡にいる間、彼らを家族の一員として受け入れてくれるホストファミリーの皆さんは、APCCの心強いサポーターの一員です。

滞在中の「こども大使」は、地域の人たちと一緒に、あるいは学校ぐるみで、さまざまな交流活動に参加します。各地で手作りのイベントが催され、盆踊りや綱引きなどを経験します。お返しに「こども大使」たちは、故郷の伝統芸能のパフォーマンスを披露します。

また、「こども大使」、シャペロン、福岡の子どもたちが一堂に会して、二泊三日の間、寝食を共にするキャンプが開かれます。参加する福岡の子どもは一般公募で選ばれた二百名です。出国の前には、「We are the BRIDGE Festival」というイベントが行われます。ここでは、各国・各地域からやってきた「こども大使」たち全員が伝統芸能などのパフォーマンスを披露します。

あっという間の二週間。日本での感動とたくさんの思い出を胸に、またいつの日か再会することを約束して、子どもたちは帰国します。

入国する際に、子どもたちには、たくさん友だちをつくって欲しいという願いを込めて、名刺ホルダーになるレイをプレゼントします。牛乳パックで、たくさんの名刺が入るように蛇腹式にした、レイです。子どもたちは思い出と共に、新しくできたお友だちの連絡先をそのレイいっぱいにして帰国するのでしょう。

## こども大使OBによる国際交流組織、ブリッジクラブの結成

招く一方ではなく、春休み期間中に福岡の子どもたちを海外に派遣し、現地でのホームステイや学校訪問など、生活文化を直に体験してもらうことで異文化への理解を深める派遣事業も行っています。

近年、これからの地球を考えていこうと、これまでの「こども大使」たちが中心となって、「ブリッジクラブ」が生まれました。関わったメンバーが、世界平和と健全な共生をめざし、お互いの意見交換や交流活動を通してネットワークを広げています。メンバーは、国籍や肌の色、言葉などの違いをお互い認め合い、相互理解を深めていくことを約束します。

ブリッジクラブのメンバーは、ピース大使（PA＝ピース・アンバサダー）と呼ばれます。かつて「こども大使」として来日した子どもたちが青年に成長し、今度は「こども大使の先輩」として一緒にやってきます。

ホームステイの受け入れ先となるホストファミリーはもとより、入国からキャンプまで子どもたちの世話をするスタッフや企画、渉外活動を行う事務局の人たちは、すべてボランティア。毎年、夏の招へい時期までには、中学生から高齢の方まで約五百名の方がボランティア登録しています。その内訳は、五割が大学生以下の学生、二割が社会人、三割が主婦や中高年者の方。彼らはトレードマークの「黄色いTシャツ」を着て、元気一杯で、事業に参加しています。

16 札幌こども ミュージカル育成会

# 世界の共通言語、音楽と踊りを通じた子どもたちの国際交流

## アイヌ文化のすばらしさを伝えるミュージカルの成功がきっかけに

「札幌こどもミュージカル育成会」は、主婦の勉強会、グループりらの活動の中から、小さな歌の教室としてスタートしました。「りら」は、「うたのクリスマスプレゼント」で地域の子どもたちに音楽を通した生きがいづくりを、と始めたボランティアグループです。メンバーは、一九八一年、大阪の国立民族学博物館に見学旅行にでかけました。そこでアイヌ文化に目を開かされたのがきっかけとなって、独自に勉強会を続け、翌年、近所の子どもたちを集め、アイヌの民話を題材にしたオリジナルのミュージカル「キツネのチャランケ」を上演しました。

代表の細川眞理子さんは、初めてアイヌのことを知ったとき、「もっとアイヌ文化をみんなに教えるべきだ」と、地域の子どもたちと一緒に学ぼう思ったのです。そしてアイヌ民話をミュージカルにしたら、子どもたちが目を輝かせ、反応がすごく良かったことが、育成会をつくるきっかけとなりました。

細川さんが作詞・作曲し、珍しいアイヌ語の歌や踊りをとり入れた手づくりのミュージカルは大評判となり、その後、年一作のペースで新作が発表されるようになります。そして一九八七年に正式に「札幌こどもミュージカル育成会」が発足したのです。

青少年交流

メンバーは三歳から十七歳の子どもたち約二百人。細川さんと妹の岩城節子さんの指導のもとで、歌と踊りの練習に励んでいます。会では、年長の子どもが小さい子どもの世話をし、お母さんたちが練習や公演の準備を手伝っています。練習場所は細川さんのご主人が経営する病院のリハビリ室。練習日の夕方には、元気いっぱいの子どもたちが集まり、明るい歌声が聞こえてきます。

ミュージカル上演を通して、同グループはさまざまな地域の人々と交流を深めています。宗谷岬の猫と子どもの物語「ポロの岬」では、舞台となった稚内の子どもたちと交流し共演しました。

## ポーランドで大成功、子どもたちから「ほほえみ勲章」を授与される

その活動範囲は、国内に止まらず、音楽公演を通し、広く海外にまで及んでいます。とくにポーランドで上演されたミュージカルは、高い評価を受け、一九九〇年の「ポロリンタ」、一九九七年の「ポン太と北狐」は、市民の大きな喝采を浴びるほどの大成功をおさめました。

「ポンタとキタキツネ」は、道東の花咲岬を舞台に、野良ネコにいじめられているキタキツネの“おこん”が、ヒグマに襲われて動けなくなった野良ネコの“ポンタ”を助けるという、共生をテーマにした物語。「ポロリンタン物語」は、アイヌの少女ポロリンタンが、北海道の大自然の中で成長していく姿を描いた物語です。

ポーランド国営ＴＶは舞台を中継放送し、ＮＨＫラジオＪＡＰＡＮでは、ポーランド行きのための合宿風景を全世界に向け放送しました。

とくにポーランド国営テレビは、十八年もの間、会の公演をテレビで取りあげました。同テレ

ビの招待でポーランドに渡り、コンサートや公演を重ね、細川さんと岩城さんが「ほほえみ勲章」を受けました。これは子どもが選ぶ大変権威のある賞です。

子どもたちと主婦のミュージカル活動には、あたたかな支援の輪が広がっています。社会人の男声合唱団「さけをうたう会」は、毎回出演と当日の会場整理などを担当しています。ポーランド公演の際には、道内外の文化人、報道関係者、財界人が実行委員会を結成し、強力にバックアップしています。アイヌ文化の資料提供や指導については、「シシリムカ二風谷アイヌ資料館」館長の萱野茂さんやアイヌの人たちからも数多くの協力が寄せられています。ほかにも地元では韓国総領事ご夫妻、中国総領事ご夫妻が、音楽交流のために声をかけてくださいました。ボランティアで始めた活動は、テレビ番組でも取り上げられ、それを見た縁で、NHKの川口幹夫前会長も活動に協力してくれました。

北海道の自然と風土の中で育まれたアイヌ民族の文化を見直し、ミュージカルで人々に伝えることからスタートした札幌こどもミュージカル育成会。子どもたちの伸びやかな感性は、神様や自然と語り、小動物と共に生きるアイヌの精神文化を素直に受けとめ、生き生きとした舞台を生み出しました。多くの出会いを経た彼らの舞台からは、世代を超え、地域を超え、文化の違いを超え、海外でも通用する本物の感動が伝わってきます。

## 地域と世界の両方で活動を展開。子どもたちの教育にも一役

札幌こどもミュージカルは、小さなうちから音楽の喜びを心と体に育てていくことで、困難に打ち勝てる力を持った人間になって欲しいという願いのもとに活動しています。いまは、爆発的

なタレントブームで出たがりやの子どもはたくさんいますが、札幌こどもミュージカルはそういう風潮とは一線を画しています。小さいうちに音楽の基礎を身につけさせ、たくさんの人の中でもまれ、あるときは競い、あるときはお互いが助け合い、練習、ステージ、ボランティア活動をどんどん経験させることで、集中力を養い、努力するよろこびを教え、生きる自信をつけさせるための教室なのです。

「自分が世界の中の日本人、地球の中の人間という意識を今身につけなければ、これからのグローバルな時代に追いついていける人間は育たない…」細川さんにはそんな思いがあります。

地元では有名な「YOSAKOIソーラン祭り」や「さっぽろ雪まつり」への出演から、発寒中央病院の入院患者さんを元気づけるための病院コンサートまで、相変わらず多忙な札幌こどもミュージカル育成会。二〇〇六年には、ヴァチカン、ポーランド、イタリアへの演奏旅行が予定されています。

このように日本と外国の子どもたちの草の根の文化交流を進めることは、子どもたちの情操教育にとって大いに有意義なだけでなく、子どもたちに国際的な感覚を身につけさせるという面でもきわめて重要なことです。

音楽は世界共通の言葉。札幌こどもミュージカル育成会は、同じ思い同士の子どもたちの音楽を通じた国際交流が二一世紀の日本にとって、そして世界の平和にとって、かけがえのない役割を果たすことを信じながら、今後もその活動を続けていきたいと考えています。

17

高知市立
高知商業高校生徒会

# ラオスでの学校づくりと地元商店街の活性化をつなげる

## 同情による援助から、相互の成長をめざす国際交流へ

高知市立高知商業高校は、生徒数九六〇名。町で唯一の市立高校として、創立一〇四年を迎える伝統校です。この高校では生徒会が中心となって、一九九四年からラオスでの学校建設運動をスタートさせました。

地元のNGO「高知ラオス会」のラオス学校建設支援活動を知ったことが、きっかけです。一九九五年、携わったラオスの小学校が完成し、その落成式に六名の生徒が参加しました。ラオスの子供たちとの交流で彼らはカルチャーショックを体験します。

「ラオスでは夕食になるとみんなが食卓を囲み、話をしながら食べていた。それに引き替え、自分はいつもひとりでテレビを見ながら食べている。貧しい国と思っていたラオスの人々と自分たちではいったい、どっちが豊かなのだろう。募金活動で得たお金を貧しい国の子供たちに贈るだけでいいのだろうか」。そんな疑問が生じました。

「国際交流活動で大切なことは、援助するという気持ちをもつことではなく、相手の国と自分たちがお互いに成長していきたいという気持ちが非常に大切だと思う……」。

当時の生徒会長の岡崎夢子さんはそう語ります。「いままでラオスと関わってきた中で、株式

青少年交流

会社を設立して、イベントなどを行い、自分たちも成長することができました。また、ラオスの学校づくりにも携わることができました。こちら側から一方的に援助するのでなくて、お互いが成長できるような国際協力活動が、これから求められると思っています」。

## 募金活動から収益を求める事業へ。模擬株式会社の設立

一九九六年、生徒会では、生徒やＰＴＡ、教職員から出資を募り、模擬株式会社を設立しました。定款も組織図もある会社です。募金活動を卒業し、生徒自身がラオスで民芸品を買い付け、それを学園祭などで販売し、その利益の株主に還元すると共に、一部をラオスの学校建設の資金として寄付するという、商業高校の特性を活かした活動をはじめたのです。

ラオスでの買い付けの想い出を語るのは、氏原裕真さん。

「苦労したのは、仕入れ活動です。言葉が通じないので電卓だけが頼りでした。値引きとか、値段の交渉も、初めてのことだったので戸惑いがありました。以前にラオスへ行った先輩から教えてもらいながら、なんとか成功して仕入れることができました…」。

## 地域通貨「エコメディア」を通して、地元商店街と連携をはかる

二〇〇一年、彼らは地域通貨「エコメディア」を考案し、地元商店街との連携を深めます。はりまや橋商店街との交流について、アドバイザー役を果たした高知商工会議所の今城逸雄さんは次のように語ります。

「ラオスで活動していくなかで、地元の高知のまちはどういうところかということを彼らが考えはじめたのです。商店街も彼らと交流をもちたいと思っていました。そんな時、彼らは地域通貨というものに非常に関心をもち、当時、地域通貨の研究や商店街の実験をしていた私に相談してきたのです。それで、授業が終わったあとで、地域通貨とは、どういうものかを説明しました。すると彼らはすぐに"エコメディア"というシステムを編み出したんです。

これは学生さんたちが商店街のイベントや商店のお手伝いをすることでポイントをもらい、貯めたポイントで商店の割引サービスや粗品をもらったりできるものです。このシステムを通して商店の活動を学生が肌で感じる、いいきっかけになったようです。また、お店の方も、学生さんの若いエネルギーをもらって、非常にいい効果が出ているようです」。

生徒の大西恵さんの話です。

「友達に誘われて生徒会の活動をはじめたのですけど、活動がすごく大きなものなので、はじめはすごく戸惑ってしまって、うまくいかなかったんです。でも、やっていくうちにわかってくるものがあって、自分が成長しているという実感もあり、喜びとか、やりがいというものを感じましたし、すごくよかったと思います。

地域の人たちに、私たちの活動を知ってもらうことの大切さもわかりましたし、商店街の方と一緒にイベントなどをすることで、プロの方々の中でやっているという緊張感がすごくいいものになりました。大人の方に指導していただきながら、自分たちも成長できたと思います」。

## 自分のこと、住んでいる地域のことを知らずに世界と結ぶことはできない

高知商業高校の生徒会が、ラオスの小学校建設資金の募金活動を始めた当時に指導教諭であった、高知市教育研究所の指導主事をされている岡崎伸二さん。

「この活動を続けていくことによって、彼らが何をやっていたかというと、結局、自分探しであり、日本探し、そして高知探しであったんですね。自分たちの国や地域のことがよくわかっていないと、国際交流はできないということを今、痛感しているんです。結果として高知もよくなるし、ラオスもよくなる、という発想になったことが一番よかったと思いますし、それに気づかされたということが大きな成果であったと思います。今後の方向性でも、やはり地域と外国、あるいは世界とどう結んでいくかという活動が、大きなポイントになると思います」。

単に慈善ではない、対等な関係。商業高校の特性を活かした活動を模索しながら、地元商店街の活性化とラオスの学校づくりを結びつけた高知商業高校の生徒会の活動は、今後も地元に根ざした国際交流のひとつとして大きな広がりを見せていくことでしょう。

# interview 05

# 地域へのアプローチから、ボランティアの枠を飛び出していく

高知商業高校生徒会　生徒会長（当時）　岡崎夢子さん

**――設立の経緯についてお聞かせください。**

高知商業高校生徒会が、本格的にラオス学校建設活動を始めたのは、一九九四年のことです。ボランティア活動、海外協力という活動は、今でこそさまざまな取り組みが行われていますが、十年ほど前は、私たちのような高校生ボランティアは、募金活動という形でしか具体的な取り組みを行っていなかったと思います。それに対し、私たちの先輩は少なからず疑問を抱いたんですね。その疑問というのが、明確でない募金の使途、そしてその募金活動というものが自分たちに何をもたらすのかということでした。そんなとき先輩方は「十二万円でラオスに小学校が建てられる」という高知ラオス会についての新聞のコラム記事と出会いました。この出会いによって生徒会は本格的に動き始めたんです。自分たちが集めた資金によってラオスに小学校が建つという、結果が目に見える活動に先輩方は魅力とやりがいを感じ、ただの募金活動ではなく商業高校という特性を生かした株式会社の設立によってその資金を集めようと考えたのでした。それがラオスとの出会いの始まりであり、ただのボランティアで終わらないような関係がこの後結ばれていきました。

**――活動のターニングポイントとなった出来事があればお聞かせください。**

長い年月を経てきた私たちの活動は、ラオス学校建設活動を土台にして、毎年新たな取り組みに挑戦しようという信念のもとで行ってきました。そのために年度ごとに生徒会独自の活動が行われ、毎年が新たな転機になっていました。しかし、私たちの活動が多くの人々の目にふれるようになったのは、地元社会へのアプローチを始めたことがきっかけでした。そのことに具体的に注目したのは二〇〇〇年のことです。それまではラオスとの関係に重点を置いていましたが、自分たちの地元、高知に目を向けてみたのです。

その頃ちょうど高知の街の中心部に大型百貨店が建設され、昔から愛されてきた商店街は閑散としている状況でした。そこで私たちは商店街とタイアップしたイベントによってラオス学校建設の資金を集

め、商店街の活性化を目指そうと考えたのです。具体的な案としては私たちが商店街でラオスの商品を販売したり、商店街とタイアップして屋台を出したり、イベントを開催するなどというものです。これらを商店街振興組合の方々に提案したのですが、私たちの考えは甘く、ひとつのイベントとして成功させるにはさまざまな課題がありました。そこで、実際に商店街へ出て、街頭アンケートや直接商店からお話を聞くなどの調査を行いました。それをもとに案を練りなおし再度商店街と交渉したところ、協力を約束してくれたのです。

そこからの準備は高知商業高校全体が一丸となって取り組むことになりました。このイベントには商店街の宣伝と一緒にラオスのことも地域の人々に知ってもらわなければならない。商業高校で培った能力を活かして、ラオスの商品の販売に力を入れるべく、接客指導や商品の見せ方など多くを学ぶことになりました。また、出店する屋台は一年から三年までのクラスの代表が販売に当たり、出店で販売するものはすべてイベントを開催する商店街と協力して調達しました。そして多くの人々を集めるためにメインステージを設置し、商店街の方々に協力していただいて、さまざまな催しものを行いました。その結果、今までにない売上をあげ、大きな資金が得られました。また、商店街の方々からは来年もやってみたいという声を頂き、この年から毎年商店街とタイアップしたイベントを開催することとなったのです。こうして私たちの活動は、地域の多くの人々の目にとまるようになったのです。このように、私たちの活動は商店街とタイアップしたイベントのおかげで地域とともにラオスと協力していこうという態勢に変わっていくことができたのです。

**――組織内ではどんな変化があったのでしょうか。**

生徒会の活動を深める中で、いつのまにかメンバーたちからボランティアという言葉を聞かなくなりました。大きな変化があったと、生徒会時代にも感じました。ボランティアという言葉の代わりに使われ始めたのは、「協力」という言葉です。実際にラオスに行って生徒会のメンバーが共通して感じ取ってくるのは、先進国と発展途上国という援助＝被援助の関係を超えて、ラオスからも多くのものをもらってくるということでした。それは行った人たちにしかわからないことです。ラオスに行けば目を背けたくなるような現実に直面し、援助してやっているのだという甘い気持ちは消し飛ばされてしまいます。しかしそれ以上に、充実した気持ちがいっぱいになるような、ラオスという国に飲み込まれるような感覚を、ラオスの子どもたちや現地の人々からもらうことができるのです。

私の記憶に残っている大きなできごとは、前の年にラオスの小学校を訪問して運動会を子どもたちと一緒に行ったときに残してきたハチマキやトロフィーなどが、次の年にその小学校を訪れたときにも大事に飾られていたことです。ラオスの人々はとてもゆったりとした空気の中で生活をし、次の日には私たちのことなど忘れているのではないかというほど穏やかに暮らしています。

しかし、トロフィーが飾ってある部屋に子どもたちに案内されたとき、私は子どもたちと私たちとの関係がちゃんと存在しているのだということを実感せずにはいられませんでした。また、私たちとラオスに行った先生のなかに、ラオス学校建設活動を立ち上げた先輩がいました。その先生を含める生徒会が初めて建てた小学校を訪れたとき、先生は涙を流してその学校を眺めていました。私は十年以上の月日はただ流れただけではないのだということを知り、ラオスとの関係の深さを改めて感じました。そこから私たちの援助してあげているのだという意識が、共に成長していっているのだという意識に変化していったのだと思います。このように私たちとラオスとの関係はボランティアという言葉から、協力という形に変わってきたということが言えます。

**――地域、関係団体とはどのような関係を築かれましたか。**

活動を重ねていくうちに、商店街とのイベントなどによって、地域の人たちとの関係が大きく広がっていきました。はじめは募金だけでいいのではないかという声もありましたが、活動を続けていくうちに教育委員会からも理解していただき、ラオス訪問には市長や教育長も同行してくれるまでになりました。このように理解が深まったことによって、ラオスへの協力のためにラオスの商品を購入してくれる人々が増え、高校の間でも交流が持てるようになり、ラオスの商品を販売できる場が多くもてるようになりました。

また、関係団体から話を聞きたいという依頼や交流をするということも増え始めました。それによって私たちは自分たちのようにいろいろな活動をしている人々がいるのだということを知り、とても力強く感じるとともに、今まで知ることのできなかった活動の苦労と、それを乗り越えるだけの力を得ることができました。ある国際協力団体の代表の方に、このような若い人たちが一生懸命活動しているのを見て、とても心強く感じるという言葉を頂いたことがあります。支えられているばかりですが、私たちの力も認めてもらえたという喜びは私の中にまだ残っています。このように地域の人々、さまざまな団体の人々との関係は活動を重ねていくごとに固いものとなり、現在でも私たちはこういった人々に支えられて活動を進めていくことができるのです。

**――現在の若者についてお感じになることがあればお聞かせください。**

私も現在の若者の一人として行動しています。高校時代に感じたことですが、若い世代にはやる気があって、いろいろな取り組みをやってみたいという人々が数多くいるということです。私はそれを引き出してくれるとてもいい環境にいることができたのだと今になって感じています。私たちの活動を高校や中学校の生徒たちに何度か紹介することができましたが、熱心に聞いてくれて、どのようにすればいいのかといろいろな質問を受けました。それを見ていると、この同じ世代の人たちは今がスタートなのだと感じ、とても活気づいているように感じました。これにはやはり私たちの時のように活動を支援してくれる、一緒になってやってくれる協力体制が必要です。何かをやりたくてもその土台がないと、私たち若い世代、とくに高校生や中学生は立って進んでいくことができません。

私はその支援をしてほしいと思っています。若い世代に対して、何もしたいことがない、何を考えているか分からないという印象は多くあるかもしれません。しかし、その中にも環境が整い、支援する体制があれば、何かをやれる人々が多くいるのです。若い世代にいる者としてはそう感じています。私も高校を卒業して三年たちましたが、いまも支援してくれた人々に感謝をしています。充実した高校生活を送ることができたからです。これからは私が支援する側になっていこうと思います。

18 地球市民の会

# 大きく広がった、小さな地球計画

## 日韓友情年二〇〇五を成功させる

二〇〇五年は、日韓友情年でした。この年は、一月一日に大阪で開かれた「日韓友情音楽祭」を幕開けとして、十二月二六日～二八日に韓国・済州道での「日韓親子サッカーキャンプ」まで、約九百件の催しが行われるという、前例のない年となりました。この大規模イベントを主催した団体は、韓国側が社団法人釜山韓日文化交流協会、そして日本側が佐賀の「地球市民の会」でした。

「地球市民の会」は、九州佐賀市で一九八三年に発足しました。創始者は、古賀武夫氏。佐賀市生まれ佐賀市育ちの空手家です。大学卒業後、フランスに留学。一九八〇年三月、佐賀の文化的環境の向上のため「佐賀日仏文化会館」を開設。そして三年後に同会館を「地球市民の会」に改組し、今日へ至っています。会は全国へ広がり、いまでは全国十三の「地球市民の会」のネットワークでつながっています。

会の基本理念は、私たちが生活している村やまち、そして地域や国、さらには地球上のすべての人々が大いなる「いのち」の中に調和して、万物が末永く繁栄し続けられるよう、「人、社会、自然の相互依存を十分認識し、すべての命を慈しみ、強く、優しく、豊かに、美しく育てる」と

国際協力

いう地球市民運動にあります。

会の活動は、国際文化交流事業を通して、国際理解と国際協力を進め、地球市民運動を通じて世界平和と親善に貢献し、あわせて地域社会の向上発展に寄与することを目的としています。

地球市民の会は、常に開かれた、柔らかい組織であり、「地球市民運動」に賛同する人なら、誰でも、いつでも、自由に参加、協力できる組織です。

### 在日留学生を招いてホームステイ。佐賀を「小さな地球」に

団体の最大の特色は、佐賀の地域に根ざしていること。佐賀が活動の中心であり、拠点です。役員名簿には、佐賀県知事、佐賀市長、佐賀大学学長、地元銀行や地元企業の代表者、県庁職員なども名を連ね、二〇〇三年五月には、佐賀県知事、佐賀市長、佐賀新聞社代表取締役社長、地元衆議院議員などをパネリストに迎えた、佐賀発未来行きのスペシャルトークショー「佐賀市・佐賀県・日本・地球の夢を語る」を開催しました。

佐賀県を小さな地球にしようと、一九八六年から始められた「小さな地球計画」は、夏休みに二週間、全国各地の在日留学生を佐賀に招き、一般家庭にホームステイさせる企画です。当初は、「客間がない」「トイレが和式」「言葉が……」と尻込みして、留学生の受け入れはスムーズとは言えなかったようです。しかし「外国人をお客様扱いせずに」という方針が実って、今日では、佐賀県下の全市町村はもとより、九州全県でホームステイが行われ、これまでの参加者は四十カ国千三百名を数えます。期間中は、自発的につくられた各地区の実行委員会の手で交流キャンプやシンポジウムなど、多彩な行事が行われます。

受け入れとは逆に、日本の青少年を韓国、タイ、スリランカ、マレーシア、ミャンマーなどに派遣し、青少年同士の交流を促す「地球ユースサミット」、在日外国人との交流をはかる「地球茶話会」、地の利を活かした韓国との交流「かちがらす計画」、タイの中高生への奨学金支給などの支援を行う「日タイ協力プロジェクト」、活動を通して直面した地域的、地球的課題の解決をはかるべく開催された「地球共感シンポジウム」や「アジア太平洋協力会議」等々。「地球市民の会」の活動は、県や市をリードする国際共感活動を通じて地域社会に大きな刺激を与え続けています。

会の活動の特色をまとめると、次の四本柱をあげることができます。

一　国際交流事業を行う
二　国際協力事業を行う
三　地域づくりをめざす
四　地球共感教育を行う

## 循環型農業や森林復元など、アジアに広がる地球共感の運動

国際交流では、先述の「小さな地球計画」と呼ぶホームステイ・プログラムが、すっかり定着しました。

国際協力では、タイとスリランカで中高生を対象に奨学金の支給をしています。ミャンマーでは、循環型農業の支援、水力発電事業や森林復元、微生物を活かした農林畜産の振興、スタディツアーや人材育成の教育支援など、さまざまな協力活動を展開しています。また、タイの里親ツ

アー、佐賀県出身の大学生であった森太郎さんの母親が、交通事故で夭折した子息の名前をつけた森太郎教育支援プロジェクトなど、広範な事業を行っています。
　地域づくりとしては、全国各地域の地球市民の会を中心とした全国会員大会などを実施し、ネットワーク化をはかっています。佐賀県の地域づくり協議会、青少年団体連絡協議会などの幹事も行っています。
　地球共感教育は、国際理解教育に当たるもの。古賀会長のこだわりから、“地球共感教育”と言っています。「地球共感シンポジウム」では、共に豊かに生きる方法を提唱し、「地球共感セミナー」では、地球のためにできる身近なことを考え、実践していく人材を育成しています。
　今後は、国内での地球共感教育と共に、海外ではミャンマーでの諸活動に力を注いでいくと言います。古賀会長は、「今や、昨夜はパリ、今宵は北京、明日は佐賀で美酒に酔う、そんな時代なのです。私たちは日本人としての自覚を深めると同時に、宇宙船“地球号”の乗組員として、地球市民の意識をもって、世界の平和の実現に努力していかねばなりません」「うちの会は、さまざまな課題解決のために活動しているので早くなくなるのがいいと思っています」と語っています。

19 アジア学院

# アジア・アフリカ諸国の農業リーダーを養成

## 第三世界の草の根リーダーと途上国で働く日本青年の農業専門校

国際協力

準学校法人「アジア学院」は、一九七三年、鶴川学院農村伝道神学校（東京都町田市）の東南アジア科を母体として設立されました。東南アジア諸国で、農村開発に携わっていたキリスト教会とキリスト教団体の要請に応えて、途上国の農村開発に携わる専門職員を養成する国際機関として発足し、一九九六年からは、将来途上国で働くことを志す日本人学生も積極的に受け入れています。

学院では、毎年二十～三十名の草の根で活動する農村指導者をアジア・アフリカの農村地域から招き、九カ月間にわたり、栃木県西那須野キャンパスで、農村リーダー養成の研修を行っています。キャンパスには、学生、職員、ボランティアが共に生活し、共に汗しながら、有機農業を基礎とした食糧自給をめざし、公平かつ平和な共同体形成の実践を試みています。ほかにもワークキャンプや海外研修、セミナー、スタディツアー等の活動を行っています。また、最近ではインターネットのホームページを利用して、有機栽培の野菜や果物の販売を開始しました。

「イエス・キリストの愛のうちに草の根で働く男女の農村共同体指導者を育成し訓練すること」、「そのことを通して、社会の周辺に追いやられている人々の自己成長を実現する」「それは、一人ひとりが、共通の益のために隣人とともに資源、能力を分かち合い、自発的に労働し、もてる力を充分に発揮できるような公正で平和な社会の建設を実現しようとするためである」……これがアジア学院のミッションと目的とするところです。

## 共に生きるために、食べものを大切にする世界を築く

学院のロゴマークは、英文のＡＲＩの字とふたつの手のひらと稲穂の絵で構成されています。「二つの手」とは、文化や背景の異なる人々が、お互いの違いを認めながらコミュニティーを形成していく“共に生きる姿勢”を表現したもの。また、手のひらが平和の象徴である二羽の鳩にも見え、平和な世界への祈りを表しています。もうひとつの稲穂は、自分たちの手で育てた“食べもの”の象徴であり、伸びやかな茎は“食べもの”を中心とした“生命”の循環を表しています。この実り豊かな稲穂には、飢えに苦しむ人々がひとりもいない世界を実現したいという祈りが込められています。

行動を通して学ぶ、という方針に従って研修プログラムは農村地域の農村指導者に必要な知識、技術、精神を身をもって学ぶよう組み立てられています。そして、学院のモットーは「人のいのちと、それを支えるたべものを大切にする世界をつくろう。共に生きるために」です。アジア学院において、学びの根源は「食べもの」なのです。食べものに取り組むことが、「生きることを学び」、「学ぶことに生きる」ことに通じると考えます。

創設者で前・理事長の高見敏弘氏は、こう綴ります。

「学院全体が“学び”であるための根源的な要件とは、食べものの分かち合いです。食べもの

は自然と人間の営みの結晶であり、これを分かち合うことで人間同士、また他のすべての生命と共に生きることになるのです。当学院で学ぶ人々は、自ら働き、食べものの高度な自給率を保ち、学校用地の自然環境に適した有機農法を営み、食べものの生産活動が自然環境を保全し、分かち合いが社会環境を良くし、同時に精神環境を高め、深め、広める学びを続けます。このような学びは生命の尊厳と環境保全、人間の自主自立に不可欠なのです」。

こうした考え方を実践することで、この二十年間に、学院の土も水も空気も見違えるほど良質になってきたことが、周辺の植生や人間関係に見てとれるようになってきました。有機農業による自給自足の暮らし。持続可能な農業を実践し、自給自足の生活に努めることによって、食料の生産・消費、農村開発についての「あるべき姿」を体験的に学びます。そこには学院がめざしている、世界の調和的多様性と、それを促すおおらかな創造的緊張が感じられます。

## 自然の生態系に即した生き方をする共同体をめざす

学院には、世界中の人々が集い、さまざまな民族と文化、異なる宗教を持った人々が全寮制の共同生活をしています。その中でお互いの経験を日常的に分かち合い、時にはぶつかり合いながら共同体を作りあげていきます。そのプロセスを大切にしつつ、互いに理解を深め、尊重し合い「共に生きる」道を探求します。

一九七三年の学院創立以来、すでに千人を超える学生が卒業し、各々のコミュニティーで活躍中です。

カリキュラムは次の三つの分野に大別されます。

一　食べものの生産と分配
二　共同体の形成としくみ
三　人間成長と開発教育

農場実習、校外見学、農家実習はこの三分野にわたる総合的な学習経験となるように計画されています。カリキュラムの実行計画の作成には、学生やボランティアも適時参画し、開かれた教育研修の道をひらいています。

那須セミナーハウスでは、ワークキャンプを開催し、アジア学院で学ぶアジア・アフリカ等からの学生たちと共に畑で汗を流し、夜は語らい合いながら、異文化を体験し、食・農・国際協力などへの考えを深める機会を一般人に開放しています。これにはさまざまな国からボランティアが参加します。

ドイツから参加したボランティアは、こんな感想を述べています。「学院に来て驚いたのは、あっという間にとけ込めたことです。ここにはさまざまな人が一緒に生活をしてますが、みんな親しみやすく、ほんの数日でずっと前からいたような気持ちになりました」。

日本人ボランティアは、「ここは自分次第で、自分の可能性をどんどん拡げていける場所なのだと思いました。有機農法の知識だけでなく、言葉を話し、聴くことの大切さや、人との付き合い、自分がこの先どのように生きていくのか、ということを日々感じ、考えることができます……」と語っています。

環境にやさしい農業の普及を通して、あるべき生き方、サスティナブルな社会を担う人材の育成という使命を担う、準学校法人「アジア学院」は、地域とアジア・アフリカをつなぐ共同体としても注目されています。

20 セカンドハンド

国際協力

# ボランティアによるチャリティショップでカンボジアの復興支援

## ユネスコの青年ワークキャンプでカンボジアの悲惨な現実を知る…

セカンドハンドは、四国の玄関口として発展してきた高松市で、いまなお復興の途中にあるカンボジアでの学校建設をはじめとした教育支援と女性の自立支援を目的に、一九九四年に設立されたNPO法人です。

代表の新田恭子さんは、活動のきっかけをこう語ります。

「一九九四年にカンボジアに行ったことが契機になりました。本がない、学校がないということを知り、何か私にもできないかと考えたのです。そこでイギリスのチャリティショップのシステムを採り入れ、日本初のチャリティショップを始め、その収益でカンボジアに学校を建設するなどの支援を続けています。現在、ボランティアとして登録されている方は、三百人以上。全国から無償で提供されたものを、無償のボランティアの方が仕分けし、販売し、売り上げを国際協力に充てています」。

カンボジアは、一九九三年まで内戦状態にありました。一九九四年、ユネスコの青年ワークキャンプでカンボジアを訪れた新田さんは、学校の図書室の修復を手伝うなかで肝心の本がないことを知りました。「学生たちに本を送ってあげたい」。それが始まりでした。同年代の青年からポル・ポト時代の悲惨な体験を聞き、同じ地球に住む人間として、何かをしなければと痛感したのです。

チャリティーショップは無料で提供された品物を販売し、経費を除いた売上金すべてを支援に充てる運営システムで、日本ではまだまだ珍しいケースです。

自分たちにできることからひとつずつ、という気持ちで取り組み、二一年という年月が過ぎ、この間、セカンドハンドも成長しました。順調に店舗は増え、ピーク時には年間売上高が二千万円を超えたことも。高松市の一等地に本部ビルを構えるようになりました。カンボジアに十一の小学校、ふたつの医療施設、職業訓練所、孤児院が建設されるに至っています。大勢のボランティアの方々が自分のもてる力で協力しており、特に、中高生にとっては体験学習の場ともなっています。

## 中・高校生から主婦、女優まで、全国に広がるボランティアの支援の輪

スタディツアーは、街頭募金に取り組み、カンボジアでの学校建設に大きく貢献した学生たちにぜひ、自分たちが建てた学校を見せてあげたい、また現地の生徒たちと交流やホームステイを体験し、カンボジアへの理解だけでなく日本の生活を見直すきっかけにしてほしい、という願いで始められました。

スタディツアーに参加することになった高校生ボランティアの佐久間宏子さんは、その感想をこんなふうに語っています。

「スタディツアーは三月十六日から十二日間ぐらいの間なんですが、カンボジアに行くのがとて

も愉しみです。ホームステイや遺跡を巡ったりすることも愉しみですし、私たちの支援で建った中学校の建設や歴史を見にいくことがとても愉しみです」。

ボランティアスタッフたちの顔触れは中・高校生や高齢者、職業も会社員、主婦から女優までと多彩です。二〇〇三年には、県内の中高校生たちが自主的に「学生部小指会」を結成し、一年間で一二〇万円の募金を集め、カンボジアの中学校の建設に大きく貢献しました。小指《こゆび》会会員の高校生ボランティアの木田真梨子さんは、「小指会が発足した二〇〇三年の五月からずっとやらせていただいています。小指会を始めてから、まわりの物事をもっと広い視野でみるようになりました。たいへんですけど、得られるものが、お金じゃなくて、もっとたくさんあって良い経験だと思います」と語ります。

「ボランティアというのは、まわりから見て、華やかな感じがするものばかりじゃなくて、いろんな人が、裏で努力して、支えられているんだなってことが、すごくよく解りました。それが私にとって、とてもいい経験だったと思います」と語るのは、中学生の平野礼以奈さん。

女優の大場久美子さんもボランティアのひとりです。香川でのイベントでセカンドハンドの活動を知り、現在は故郷の埼玉県にある川口支部の手助けをしたり、チャリティーショーを開いて活動を支援しています。

「どうせタレントのイメージアップ作戦では」と言われることを恐れて、名前を出さずに活動していた時期もありましたが、今では「名前が役に立つのであれば」と自らのホームページでセカンドハンドへの協力を呼び掛けています。

## これからの課題は、活動を継続しひろげるための国内での人材育成

高松在住の翻訳家で、理事の平野キャサリンさんに、会の活動を続けていくうえで大事なことは何かと尋ねると、こんな答えが返ってきました。

「セカンドハンドの強みは、現地とのつながりです。そのつながりを生かしながら、新しい援助の仕方を考え、できるだけ自立できるようにしていきたいです。たぶんその仕方は、毎年変わっていくのではないかと思いますが、みんなの声を拾いながら活動を展開していきたいと思います」。

セカンドハンドは現地NGOとのネットワークを活かし、本当に必要な支援をしっかり話し合って決めます。二〇〇一年にスタートした女性の自立支援のためのプロジェクトでは、足踏みミシンを贈り、さらに現地NGOと協力して指導者を養成し、新設の職業訓練センターに送り込むよう支援しています。縫製などの訓練を受けた女性たちは、そのままセンターで働き続けることもできます。手掛けた商品を販売して貴重な現金収入が得られるだけでなく、誇りをもって生きられるようになります。

今後の抱負について、新田さんは「小指会のような国内の人材育成に力を入れたいと思っています。これまでもカンボジア復興のためには人を育てることが一番大事だと、教育支援などを行ってきましたけど、支援するにも、やはり日本国内での理解を広げ、国内でセカンドハンドを継いでくれる人を育てることが大事だというふうに思っています」。

セカンドハンドはこれからも地域に根付いた活動を続け、もっと若い世代を巻き込んだ国際交流協力の玄関口として飛躍していくことでしょう。

interview 06

# 「地球が教室、毎日がいのちのまつり」の夢の学校づくりをめざして

地球市民の会会長　古賀武夫さん

**——設立の経緯についてお聞かせください。**

一九七六年、佐賀における文化的閉塞感を打ち破るべく、世界と直接つながる異文化交流の窓口として、佐賀フランス研究会を設立しました。その後、一九八〇年、佐賀日仏文化会館を経て、三年後に「地球市民の会」へ改組しました。

**——団体内ではどのようなお立場なのですか。**

私は、当初から発起人として、佐賀フランス研究会会長、佐賀日仏文化会館館長、そして地球市民の会副会長と事務局長の兼任を経て、会長として関わってきております。

**——設立当初はどのようなご苦労があったのでしょうか。**

私は、いつも「なるようになる」と思っておりますので、他の人から見ると苦労かもしれませんが、できる範囲で楽しくやって来ました。ただし、そういうやり方に違和感を覚えた方々で、会を離れていった方も少なくないと思います。

**——活動はどのように変遷してきましたか。**

活動内容が、異文化理解、地域づくり、国際交流、国際協力と広範囲になるにつれ、対象地域も、佐賀市、佐賀県、九州、全国、そして海外、とくに東南アジアと広がりましたが、翻って、また足下日本での活動にも還元されているように思います。

**——ターニングポイントとなるできごとがあったらお聞かせください。**

一九八四年の「からいも交流」の加藤憲一さんとの出会いは大きかったと思います。彼との出会いの中から、活動内容が大きく広がり、さらに、一九八六年にタイの社会活動家ジャナロン＝メキンタランクラ氏と出会い、一挙にタイでの活動が活発になりました。また以前からいろいろと教えを頂いていた経世家吉田東洲先生の考えをもとに、一九九二年、地球市民運動の指針ともいうべき「人間のもつべき文明」のアピールを

発表し、実践してきました。これは佐藤昭二副会長ほか、多くの皆さんのお陰であり、多くの人に恵まれていることを常に感謝しています。

**――設立当初に比べ大きく変わった点はどこでしょう。**

設立当初は、異文化理解、地域づくり、国際交流などの活動が主でしたが、現在の地球市民の会は、運動体であり、主要事業は、国内外での人間の持つべき文明の実現に向けた「循環型共生社会の創造」となっています。

**――地域や関連団体との関係についてお聞かせください。**

意志決定機関として理事会がありますが、組織の拡大、深化と共に事務局も専従職員、無給職員が増員されてきています。

**――どのようなことを期待されているとお感じになりますか。**

社会の変化と共に、ボランティア活動やＮＰＯ活動が一般化し、私たちの会が地域からより深く認され、他の新しい団体も当会発足時の事業を展開されているなか、当会らしい運動を日々考え、関係諸団体とも協力して実践しております。

「循環型共生社会の創造」は、言うは易く行うは難し、ですが、この困難な運動を国内外で成功させたいと思っています。

**――現代の若者たちについてお感じになることがあればお聞かせください。**

若者に限らず、子どもも大人も、「場」を与えられることが大切だと思います。それが、夢、情熱、感動を呼び覚まし、自分自身の活性化、地域社会、国家の元気につながっていくと思います。

**――今後の展望をお聞かせください。**

今後の展望としては、当面、ミャンマーなどで実施している「循環型共生社会の創造」を当会が協力して進めています。日本での「夢の学校」(幼小中高一貫、人間力を育み世界と日本を結ぶことが方針)の開校に向けて努力していきたいと考えています。合言葉は、「地球が教室、毎日がいのちのまつり」です。

21 長野国際親善クラブ

# 学校と地域が一体となって進める一校一国運動

国際理解教育

## 長野で、民間レベルの国際交流を推進、ホームステイを試みる

八月六日、長野の夏恒例の「びんずる祭り」が開催されました。まちを練り歩く人々のなかでひときわ目立った外国人グループ、長野国際親善クラブが編成した「国際連」のメンバーの国籍は、日本、カナダ、中国、アメリカ、ベトナム、オーストラリア、インドネシア、ネパール、イギリス、ドイツ、タイ、フィリピン、ブラジル、韓国、台湾、ニュージーランド。文字通りの国際連です。

一九六七年十一月に、民間レベルでの国際交流の必要を痛感した有志が、国際交流団体の設立を呼びかけ、設立準備会を発足。翌一九六八年一月に設立総会を開催し、正式に「長野国際親善クラブ」（NAGANO INTERNATIONAL FRIENDSHIP CLUB）はスタートしました。外国の人を心から温かく迎えたい、この気持ちが設立の動機です。

長野オリンピックの際に、同クラブの発案で「一校一国運動」が始まりました。この運動は、県下の小学校がオリンピック参加国の文化を学習し、選手たちと交流するというもので、以後、シドニー、ソルトレークシティに継承され、北京オリンピックでも継続される予定です。

おもな活動内容は、市民レベルでの海外諸都市との交流事業と地域住民対象の外国語講座運営。

目的は、まず外国の親善グループや民間の人々で、ホームステイを活発化して、お互いの文化、生活習慣を理解し、友情を育てることなどです。

## 長野オリンピック開催の機会に、一校一国運動を提唱

長野冬季オリンピックの機会に、同クラブが提唱した「一校一国運動」。その後、オリンピック開催と共に、シドニー、ソルトレイクへと引き継がれているこの素晴らしい活動はどのようにして生まれたのでしょうか。

「私がこの運動を提唱した理由はふたつあります…」と、発案者の小出博治会長は語ります。

「ひとつは、一九九四年に広島アジア大会を視察した際に、公民館が中心となって行っていた一館一国運動が印象に残っていたことです。ふたつめは、私が小学校の頃の記憶です。私は世界地図を眺めながら、「世界はどんなふうになっているのだろう。本当にインドやフランスといった国があるのだろうか。その国の人は何を食べ、どんな格好をしているのだろう。大人になったら絶対に行ってみたい」と毎日思っていました。貿易商や外交官になれば外国に行けると子供心に願ったものです。

時代の違いでその夢を実現することはできませんでしたが、私の夢は消えてしまったわけではありませんでした。長野オリンピックの開催を契機に、二一世紀を担う子どもたちに、私の夢を託すことができたのです。自分が子どもの頃に実現できなかった世界中の人との交流を、今の子どもたちならできる。ならば私はその橋渡し役を精一杯やろう。そうして生まれたのが「一校一国運動」だったのです。この運動を通じて世界中に友だちができ、その友だちのために自分たち

ができることが何かを考えることができたら、必ず平和な二一世紀が迎えられます」。

長野オリンピックは、二一世紀への架け橋として、次世代を担う子どもたちに大きな夢を与え、平和の大切さを育む大会にしたいという願いを掲げて開催されました。子どもたちに国際交流、国際親善について考えさせ、また将来に夢を抱かせる絶好の機会でした。

子どもたちが、学校単位で一国を選び、その国の人と交流し、文化と生活習慣を学び、体験を通じて理解を深める。それが「一校一国運動」です。

## 戦争、エイズ……世界の現実を知り、ピュアな心で海外の子どもたちとつながる

この運動は、実際にすばらしい成果をあげています。三本柳小学校では、ボスニア・ヘルツェゴヴィナと交流しました。かつて平和の祭典、オリンピック開催地であったサラエボは、その後、民族紛争により戦場と化しました。ボスニア・ヘルツェゴビナとの交流により、子どもたちは、初めて戦争の悲惨な現状を自分たちのこととして捉え、同世代のネジブ君という男の子が地雷を踏んで両足、右手、右目を失ったことを知りました。

子どもたちは自分たちでネジブ君のために何ができるかを考え、地雷撤去のための募金を校内で始めたのです。PTAもバザーで協力、三八万円が集まりました。続いて、ネジブ君の義手義足募金に取り組み、自らの足で資源回収をすることによって十万円を集めました。

また、ルーマニアの子どもたちと交流した徳間小学校の子どもたちは、ルーマニアには今、何万人という小児エイズの子どもがいることを知りました。そこから全校でエイズに関する勉強を始め、自分たちにできることは何かを考え始めました。できることから始めようと、子どもたち

は支援物資の学用品を集め、ＰＴＡは募金活動や病院へ送る千羽鶴を折り始めました。そんななかで、小児エイズに感染しているイオン君との交流が始まりました。エイズに対する正しい知識を学んだ子どもたちは、イオンくんと遊んだり、歌ったりして、楽しい時間を過ごすことができました。同行されたマトーシャ先生は、こう言っています。

「エイズ学会のたびに子どもたちを連れていきます。でもいつもせばめられた場所でしか交流の場は与えられなかった。こんなに多くの子どもたちがこんなにも親しくしてくれたことは、今までの人生の中でなかった。これで私はこの仕事に一生を捧げられると思いました」。

こうして、国境を越えた素晴らしい友情、素晴らしい国際交流が生まれました。子どもたちは“地球人としての視野”を手にいれたのです。子どもたちが望んでいるのは、子ども同士の交流です。小さい頃から国内外に多くの友情を持つことは、将来への大きな刺激となり、また日本人としての自覚も確立されていくことでしょう。

「一校一国運動」は、オリンピック後も続けられ、子どもたちの国際交流を支援するために、国際親善クラブでは新たに「一校一国運動推進委員会」を発足させました。ライオンズクラブとの共同で行われるもので、今後さまざまな活動を展開するとともに、国際交流を願っている子どもたちと世界との架け橋となるよう、ネットワークを強化していきます。

22 玄海人クラブ

# 玄海灘に日韓相互理解の架け橋を

## 陶工の祖、李参平の碑に出会い、玄海人クラブ創設を決意

玄海人クラブは、韓国人、兪華濬《ユファジュン》さんが、一九九四年、佐賀県有田町に設立した韓国文化交流センターに始まり、彼女の志に共鳴した人々が加わって、一九九六年に発足しました。

兪さんは、一九五三年、韓国晋州市生まれ。一九五四年から一九六〇年まで、父の赴任に伴い福岡に滞在。十八歳のとき、再来日し、一九七二年に駐日大韓民国大使館に勤務、一九七九年に青山学院大学を卒業後、国際コンサルタントやジャーナリストとして活動してきました。

一九八九年、旅行で訪れた有田で、兪さんは人生の大きな転機を迎えます。陶芸の町、有田は、文禄・慶長の役で日本に連れてこられた朝鮮陶工の李参平が陶磁器の技術を伝え、栄えた町です。陶山神社の山頂には、「陶祖・李参平の碑」が立ち、碑文には「大恩人」の文字が刻まれています。石碑が立てられたのが、韓国に対する植民地支配が進む一九一七年であったということが、兪さんの心を強く打ちました。

陶芸の歴史と文化をビデオ取材するために、兪さんは翌年から毎週のように有田を訪れます。その兪さんのもとに、町のお年寄りたちが集まってきました。「キムチのつけ方を教えて」「韓国にいる戦友を捜したい」「ホームステイに来ていた韓国の子どもから送られてきた手紙を読んで

国際理解教育

ほしい」と熱心に請うのでした。

身近な韓国文化を紹介することから、兪さんと地元の人たちとの間で交流が生まれ、ついには兪さんに有田に移り住むことを決意させたのです。

## 先入観のない新世代に寄せる日韓友好の夢

一九九七年、兪さんは仲間たちの力を借りて、有田に「韓国文化交流センター」を設立。地元の人々に韓国語を教え、素朴な質問に答えて韓国の生活や習慣、文化の話をし、またワープロで打った機関紙「韓の風《カラ》」をたったひとりで出し始めました。協力者は徐々に増え、二年後、韓国文化交流センター福岡事務所開設を機に、日韓両国から有志を集め「玄海人クラブ」を設立したのです。

設立主旨は、長い交流の歴史を持つ日韓両国でありながら、あまりよく知られていない人々の生活と文化、価値観など、身近な情報を提供し、お互いを正しく理解するための手助けをすること。そして、日韓の真の理解と友好親善をはかり、国際化時代におけるアジアのパートナーとして、その義務を果たせる理想的な関係を築いていくために、両国の民間人による草の根の交流活動を推進することをクラブの目的としました。

会員は、年齢、性別、国籍、職業、地位などの垣根を超えて、純粋に日韓両国民の真の理解と友情を願う人々。その数は、個人三二〇名（その内訳は日本人三一〇名、韓国十名）。また十一組の団体が参加しています。

玄海人クラブという名前は兪さんのお父様が「玄海人」になれと彼女に託したことに由来し

ます。“玄海人”とは、日本人、韓国人と国籍で区別するのではなく、玄界灘を挟んだひとつの生活圏、文化圏に共に生きるものとして自分たちを位置づけようという思いによるものです。

両国は、異なる価値観をもつ反面、自然環境や生活習慣などに類似点が多く、また思想や文化等良質の東洋的価値観を共有しています。しかしながら情報不足から来るお互いの価値観の違いが、しばしば新たな摩擦と誤解を招く原因となってきました。

旧世代のわだかまりをなくす作業と同時に、先入観のない次世代の人たちに正しい基礎知識を注入する作業が最も早急に必要であると、兪さんは考えました。両国民の正しい認識と理解を主導するため、その初歩段階として適切な広報と啓蒙に力を入れるときであると。

戦後も半世紀が経過し、直接植民地支配を経験した世代が少なくなって、日本でも、加害者意識を持つ世代が減ってきました。日韓交流に関心を抱く人々は、地方自治体が進める国際交流活動を背景に、小学生から青少年まで幅広い世代の男女に及びます。とくに国際化に接してきた新世代の若者たちや、日韓和解ムードに勇気づけられた中高年世代、グルメやエステを楽しむ女性たちなど、新しい世代の人たちが増えています。しかも地方の時代という新しい風が玄海人クラブの船出を応援しています。

## 合い言葉は、「知らせる努力、知る勇気」

クラブの主な活動内容は、会報「韓の風」の発行、韓国文化交流センターの運営、図書やビデオ、道具などの展示、随時開催されるセミナー、玄海塾と韓風塾、そして韓国語教室。また、日韓相互理解活動として、日本語の図書寄贈（これまでに韓国の六大学に二万冊を寄贈）、生活・

文化道具の寄贈、さらに年二回の訪韓研修と日韓交流音楽会、青少年交流（留学生派遣／韓国大学生研修主催）、伝統文化交流（陶磁文化交流、茶道交流、伝統芸能の公演）など、多岐にわたります。

ほかにも地域住民交流活動、国際理解行事、講演活動、地域間交流企画、自治体等の交流コーディネイト、日韓歴史文化の調査研究及び資料出版、インターネットを通じたさまざまな情報提供サービスなど、「知らせる努力・知る勇気」を合い言葉に多彩な活動を行っています。

また韓国訪問の際には、ピョンジュンにある福祉施設「ナザレ園」への訪問も大事な活動のひとつになっています。

日韓交流音楽会は、日本では佐賀、韓国では慶尚南道の各地で開催されていますが、現在では双方の出演者、ボランティアなどを含めると数百名を超える人々が参加し、多くの聴衆が集まる大イベントとなっています。

日本では大人から小学生まで、コーラスグループやブラスアンサンブルなど、数多くの団体が参加しており、音楽を通じた草の根の交流を毎回深めています。

音楽交流会では、地元のスタッフを中心にボランティアで大勢の人々が協力して料理をつくる手づくり交流会、また、ホームステイなどを通した日韓両国で家族ぐるみの交流が続けられています。

玄海人クラブでは、これからも知らせる努力、知る勇気を合い言葉に真の国際人、玄海人の自覚をもつ人々の交流の輪を広げていくことでしょう。

23 秋田県国際交流をすすめる婦人の会

# 女性の得意技を活かして大活躍

多文化共生支援

## 「国連婦人の十年」に誕生した自立する女性のボランティア

一九七〇年代後半以降、地域の国際化の進展により、国際結婚や就労の機会を求めて日本にやってくる外国人の数は、年々増加しています。秋田県も例外ではありません。各地で、多文化共生を模索する活動が活発化しています。外国籍の市民も同じ地域に暮らす住民として、共に暮らしやすい地域づくりをめざす、そんな活動をしているのが、「秋田県国際交流を進める婦人の会」です。

「秋田県国際交流を進める婦人の会」は、“わぴえ”として地元ではよく知られた存在です。“わぴえ”とは、Woman's Association to Promote International Exchangeの頭文字をとって名付けられた略称です。

“わぴえ”は、「国連婦人の十年」をきっかけに、その最終年にあたる一九八五年五月、国際交流に関心のある県内の女性によってつくられました。

## 日本語教室と生活相談で、海外からの花嫁をサポート

"わぴえ"は秋田市の秋田県生涯学習センターの中に事務所を置いていますが、その活動は市内に止まらず、郡部においても積極的に行われ、"わぴえ"の名前は、秋田ではすっかりなじみ深いものとなっています。

近年、日本の農村部にはアジアを中心とした地域から外国人花嫁の流入が増え、定住化が進んでいます。急激な増加のために、受入体制が整っていないところが少なくありません。秋田県においても例外ではなかったため、そのような外国人のために、郡部を中心に日本語教室を開催したり、生活上の相談にのったりしています。また在日留学生に対しても、奨学金を支給したり市民との交流活動を開催するなど、同県内の国際化に大きな役割を果たしています。

こうした中で、"わぴえ"の主要な活動になったものに、外国人のための日本語教室事業があります。農村に嫁いだ外国人花嫁の方々の地域への適応策として、学習機会のない郡部を中心とした日本語教室をはじめ、関連ボランティアなど、地道な活動を行ってきました。

また、秋田県もこうした日本語事業の重要性を受けて、平成七年度から日本語講座などを開設するようになりました。このように一民間団体の活動に止まらず、官民一体となって広域的な事業に展開させたことが"わぴえ"の活動の特徴でもあります。

## 県内から世界へ、広がるステージ

発足当初、約二百人だった会員数も現在では四六〇人。県内一円から二十代から八十代までの幅広い年代と多彩な背景をもった人々が集まって、国際交流やボランティア活動を楽しみながら取り組んでいます。

そのひとつが、クリスマスパーティです。“わぴえ”では、在住外国人と広く市民を結ぶ、楽しい出会いの場として、毎年クリスマスパーティを実施しています。秋田在住の留学生や会員以外の県民も多数参加して、互いに楽器の演奏やダンスを披露したり、全員参加のゲームをするなど、楽しい時を過ごします。

秋田県内の婦人が、国際理解に関する学習や国際交流活動を通して、世界平和ならびに地域の振興に役立つことを目的とした“わぴえ”の事業は、このほかにも国際理解講座、海外研修「スタディツアー」、国際理解と自己研鑽のために定期的に行われる研修会「わぴえトーク」、日本語教育の「日本語ヘルパー」活動、世界各国の料理の紹介を通して異文化理解をはかる「総合生活講座」など、女性らしさを活かした内容で、多岐にわたっています。

また、わぴえ・パートナー事業としては、秋田在住の外国人と会員の個々の組み合わせによる家族的交流、女子の私費留学生への奨学金支給や在韓日本人妻の会「芙蓉会」への支援を行っています。情報活動では、年三回の会報「わぴえ」発行や翻訳サービスなどがあります。

さらにだれでも作れる造花「フローラ・わぴえ」は、一会員の発案で四年前にチャリティ商品として開発され、国際協力のための資金づくりとして盛り上がりを見せています。そこから得た収益の一部は韓国の「ナザレ園」、「芙蓉会」の支援にまわり、また、「わぴえ基金」のための主要な資金源ともなって、「わぴえ奨学プラン」として県内の外国人女子留学生に助成されています。

海外研修「スタディツアー」でこれまで訪問した国々は韓国、インドネシア、マレーシア、シンガポール、カナダの四カ国。活動をレポートしたり、お互いの交流を深めるための会を催したりしています。

## 創立二十周年を迎え、さらにパワーアップの予感

二〇〇四年三月三〇日、わぴえは創立二十周年を迎え、記念事業として「地球のステージ」が開催されました。「地球のステージ」は、一九九六年一月からはじまったライヴ音楽と大画面の映像、スライドによる語りを組み合わせた、新しいタイプのコンサート・ステージです。世界で起きているさまざまな出来事を、音楽と大画面のビデオ、スライドに写しだし、語りと曲で構成していく「映像と音楽のシンクロ」ステージでは、山形で精神科医をしている桑山紀彦さんが案内役を務めます。これまで五二カ国を歩き、国際医療救援活動を展開してきた集大成がこの「地球のステージ」です。

わぴえは次の十年も、秋田県内においてもっとも精力的な国際交流団体として活動を続けていきたいと考えています。

24 多文化共生センター

# 多文化共生社会の実現をめざして

## 植林された画一の森から多様性の雑木林へ

「多文化共生センター」は、一九九五年一月の阪神淡路大震災の折りに大阪で設立された民間ボランティア団体「外国人地震情報センター」が発展し、同年十月に現在の名称に変更、二〇〇〇年八月にNPO法人として認証を受けました。以来、国籍や言葉、文化や習慣などの違いを認め尊重し合う「多文化共生社会」の実現をめざし、「相談」、「医療」、「ことば」、「調査」などのプロジェクトを展開しています。本部の大阪をはじめ、神戸、京都、東京に支部事務所を設置しています。

今日世界中でグローバル化が進展し、国境を越えて人、モノ、情報が動き、それが人々の価値観や生き方の多様さを生んでいます。多文化共生とは、こうしたさまざまな生き方が共に存在する社会で、自分が自分らしく生きる社会づくりをめざすことと言えます。

「多文化共生センター」のホームページでは、多文化共生の社会を雑木林に喩えて説明しています。これまでの私たちの社会は「植林された杉林」であって、同じ種類の木々がまっすぐに成長し、成長が悪いものは間引きされ、他の木は育ちませんでした。成長した木々は、人の役に立つためだけに切り倒されて商品となります。

多文化共生支援

これに対して、多文化共生の社会は「雑木林」です。木は木、花は花のために育ち、それでいて林全体がみごとに調和を保っています。実のなる低木も育ち、獣も暮らすことができます。倒木も早く自然に帰ります。

このような雑木林の多様さと調和を取り戻すこと。多文化共生センターはそんな社会づくりをめざしています。

## 多文化共生のニーズが顕在化された阪神淡路大震災

阪神淡路大震災では、被災地に暮らしていた約八万人の外国人もまた、大きな被害を受けました。言葉や習慣、制度の違いなどから、日本人とはまた異なる困難に直面した外国人被災者が数多く存在したのです。外国人地震情報センターでは、被災直後から、のべ十五言語による電話相談やニュースレターの発行などにより、外国人被災者への支援を行いました。

その活動のなかで、震災によって浮き彫りにされた外国人が抱える医療、労働災害、国際結婚、母子家庭における育児などの問題に継続的に対応していく必要性を実感したのです。

「多文化共生センター」は、「国籍による差別のない基本的人権の実現」、「民族的・文化的少数者への力づけ」、「相互協力のできる土壌づくり」の三つの理念に沿って、多言語での生活相談や医療相談、外国人の子どもへのサポート、多文化共生への参加と関心をもってもらうためのセミナー、フィールドワークなど、さまざまな啓蒙活動を行っています。

また三つの理念に基づいた実践のために、センターは一、条件を変える（情報の多言語化、電話相談によるサポートなど）、二、力をつける（技術を持ち、自信をつける、自分たちで情報誌をつくるなど）、三、協力する（日本人が協力する、一緒にまちづくりを考えるなど）という三つの方針を打ち出しています。

震災の際、同センターは、まず言葉の問題を抱える在住外国人に対するホットラインや医療相談を創設して彼らの不安を拭う努力をしました。英語、スペイン語、ポルトガル語、タイ語、タガログ語、中国語、韓国語、インドネシア語、日本語で電話カウンセリングを受けられるようにしたのです。

さらに外国人がメディアを活用するための能力開発を行い、自ら情報発信するための力づけを支援しています。また日本人に多文化共生を理解してもらうために、多彩なプロジェクトを展開しています。

## 多文化共生社会は、新しい生き方、新しいアイデンティティを創造する

地域コミュニティ内で、日本人と外国人がお互いを理解するためには、ＮＰＯや地域のボランティアがその橋渡し役を担うことになります。そこで多文化共生センターは、地域の日本人ボランティアの力づけを考えています。その上で地域住民が主体となり、外国人自身も力をつけて地域に関わるようなしくみづくりを考えねばならないと考えています。

いまや国際結婚するカップルが日本全体の二十組に一組、東京では十組に一組とも言われ、日本で暮らす外国人の定住化が進むなか、外国で育った子どもや、出産・子育てをする外国人が増えています。そうした外国人のための子育て支援や、子どもたちのための多文化共生理解のための教育支援が、「多文化共生センター」の役割です。

社会にとって必要なのは、基本的人権が尊重され、少数者の自己実現が可能になると共に、多数者の変革でもあります。つまり私たち日本人が、多文化共生の意義を理解し実践することによって、真の多文化社会の実現が可能になります。そこでセンターでは、セミナー、ワークショップ、広報活動など、さまざまな啓蒙活動に努めています。

センターの設立に参加し、代表を務めたことのある田村太郎さん（現・理事）は、次のように語っています。

「基本的人権の確保、力づけ、そして協力。この三つの方向性をバランスよく考えながら、さまざまな地域でいろいろな活動が行われていけば、多文化共生社会は、必ず実現します。そして、多文化共生社会が実現したら、民族や国籍ではない、新しいアイデンティティが生まれてくると思います。民族とか国籍にアイデンティティを持つ時代は終わりました。そろそろ、個人の生き方、何に関心があるかということにそれをゆだねてもいいんじゃないでしょうか」。

25 豊田市国際交流協会

# 企業と共に多文化共生のまちづくりを進める

## 一万人を超える外国人が暮らすまち、豊田市に必要な交流、理解、共生をめざす

多文化共生支援

“国際化の主役は市民である”——これが財団法人豊田市国際交流協会（TIA）の理念です。TIAは一九八八年十月に設立され、「交流」「理解」「共生」を三本柱に、異文化やいろいろな国の人と出会うための交流会、お互いを知るための各種の講座、そして共に生きる社会のためのしくみづくりまで、多彩な市民主体の国際交流事業を展開しています。

豊かな自然と伝統に恵まれた豊田市は、言わずと知れた日本の自動車産業の中心地。グローバル企業、“世界のトヨタ”の成長に伴い、町を訪れる外国人の数は年々増え、二〇〇五年一月末日現在で六四カ国一万二九四〇人の外国人が暮らす国際都市になっています。

「いまこの地域に何が一番必要かというと、やはり在住外国人のために、生活環境を整備をすることなんです。協会ではその都度、ビジョンを策定しています。現時点では三本柱をもって取り組んでいます。まず、ひとつは設立当初からの親善交流の活動です。ふたつめは国際理解教育活動ですね。学校、教育機関、これからの担い手である子どもたちにしっかり国際交流事業を出来るように支えます。もうひとつは、多文化共生社会の構築のため、企業、行政、一般市民が一緒になってネットワークをつくる、そのような活動を中心にしていきたいです。最近は、主婦の

方たちが多文化共生に非常に力を入れているんです。それは時代のニーズに対応することだと思います。それがうまく出来るのは当初からたくさんの市民ボランティアが協力しあって、一緒にやってきたからです。三百数十名のボランティアの力ですね。積極的に協力しあって、事業を展開していけたのは、その市民の力があったからこそです」。

## 百名を超える市民ボランティア、十一のグループが積極的に活動を展開

経済のグローバル化というトレンドが、社会的ニーズとして国際交流を必要としているという背景はあるにしても、ＴＩＡが生まれた理由は、実はもっと素朴な市民の気持ちにあります。つまり、海外へ行って不便を感じたり、淋しい思いをした時、現地の方々に親切にしていただいた感謝の気持ちから、日本を訪れる海外の方々にいい思い出を作っていただきたい。そんな素朴な気持ちから生まれたのがＴＩＡです。

ＴＩＡの大きな特徴は、ボランティアグループがそれぞれ目的を持って、積極的に活動していることです。海外への支援、地域在住の外国人との交流・支援、日本語の指導、情報提供といったさまざまな活動をしている十一のグループのほか、通訳・翻訳、ホームステイやホームビジットの受け入れなどの形で個人ボランティアとして活躍する場もあり、約百名の方がボランティア登録をしています。

多岐にわたる活動の主なものを紹介すると、まずホームステイの受け入れがあります。豊田市および周辺の大学・高校・研修所などへ海外からやってくる留学生や研修生のためにホストファミリーを募集したり、豊田市内にホームステイしている留学生を支援し、日本の文化や日本人と

の生活体験ができるよう交流をはかったり、不用品交換の売り上げで留学生の生活を支援する活動を行っています。

ほかにも豊田市を訪れた外国人や地域在住の外国人に、お茶、お花、書道、着付け、折り紙などを体験していただいたり、地元の祭りである豊田おいでんまつりに多国籍連「トヨタリアン」として参加して、交流を広げています。

多文化共生活動としては、日本語学習の機会を充実するために、日本語教室の運営に力を入れています。また、外国人青少年を対象とした活動を地域社会や外国人住民と共に推進したり、外国人のための相談体制の整備、通訳派遣制度、医療支援、福祉向上のための働きかけ、外国人集住地域における共生のコミュニティづくり促進などに取り組んでいます。

タイでボランティア活動を続けている中野穂積さんの活動を支援するグループ「ほずみ会」は、タイ・フィリピンでボランティア活動をしている日本人のネットワークの支援金受付けの窓口でもあります。〝アジアの子どもたちに教育を〟をスローガンに、アジアの子どもたちに学校を寄贈する運動をしている「アジア友の会」など、海外支援活動に力を入れているグループもあります。

## お互いを出し合う、一緒に悩み、考える…それがうまくいく秘訣

TIAについて、ボランティアのひとり、日本語サロンの原法子さんに聴いてみました。

「いろんな人たちが集まる出会いの場だと思うんです。もう十一年になるんですが、私たちがこのように活動を続けてこられたということは、学習者の力もあったと思うんですけど、やっぱ

り人の力だったと思うんですよね。ボランティア同士も、日本人同士もお互いを出して、交流を深めていく。学習者も自分を出し合う。学習者の人間関係、ボランティア同士の人間関係というものが、私はこうした活動を続けていく上で、一番大切な気がするんです。みんなにその力があるからこそ、何かを誰かがやろうと言ったときにその力が集まってくるんだなということを、十一年やって感じています」。

うまくいくための秘訣について、日本語教室「ほみぐりあ」を運営するＴＩＡボランティア、伊東浄江さんの意見。「これさえやれば大丈夫というものがあったらいいなと思うんです。だから、いつもそれを探したいなというか、わかりたいな思いながらやることが大切だと思うんです。でも、こういう方法があるとか、これを知ればいい、というのは、実際にはないと思うんです。ですのでブラジルの子たちと一緒に何をしたらいいのか、彼らの将来のために利益があるのかということを一緒に考えながら私たちが勉強する、私たちが悩む…そういうことが大事だと思っています」。

今後、企業の海外進出が盛んになり、人々の移動がますます多くなってきます。多くの自治体で外国籍の住民が増えることが予想されます。豊田市におけるＴＩＡの役割もますます大きくなっていきます。これからも「交流」「理解」「共生」を三本柱に市民参加による地域との対話・連携を重視した活動をすすめ、いっそう発展していくことでしょう。

26 たかとりコミュニティセンター

# 被災地救援から多文化共生のまちづくりへ

## 震災の救援基地から誕生したNPO連合の萌芽

一九九五年一月十七日の阪神淡路大震災で大きな被害を受けた神戸市長田地区では、被災地の中心にある鷹取教会に、震災直後から多くのボランティアが駆けつけ、国籍や民族を超えた救援活動を展開しました。

鷹取教会のある長田区は、もともと在日コリアンが多い地区でしたが、八〇年代にはボートピープルとして日本に来たベトナム人が多く住むようになりました。

震災の十日後、鷹取教会救援基地に最初にできた団体が「被災ベトナム人救援連絡会」です。大阪外国語大学や難民センターのボランティアが、ベトナム人のために個々のテントに出向いて通訳や翻訳をしました。

また、情報の伝達は、紙媒体より電波にのせたほうがさらに早いということからFM放送が開始されました。これは「被災ベトナム人救援連絡会」が中心となり、震災後すぐに在日本大韓民国民団の一室で活動を始めた韓国語の「FMヨボセヨ」が協力しました。鷹取教会救援基地にミニFM放送局「エフエムわいわい」を立ち上げ、ベトナム語、タガログ語、英語、スペイン語、日本語の五カ国語で地域情報を流したのです。

現在、たかとりコミュニティセンターの代表をしている神田裕さんは当時を振り返り、こう語ります。

「被災直後の混乱の最中に来てくださったボランティアの人たちが、自分のできることを素直に展開してくだったんですが、それぞれに切り口がありまして、それぞれが別々に行動していれば小さな活動なんですけど、横のつながりをつけることによって、だんだん活動が大きく展開されていきました。この敷地内で一緒に活動していた仲間が、自分の活動を展開するのと同時に横のつながりをもって活動していくことが"たかとりコミュニティセンター"が生まれていく、きっかけになりました」。

## 九つの切り口からニーズを満たす、ボランティア連合の誕生

一九九七年には「被災ベトナム人救援連絡会」が「兵庫県定住外国人生活復興センター」と合併し、「神戸定住外国人支援センター」へと発展、定住外国人の自立・自活を支援するNGOになりました。また「エフエムわいわい」の流れをくんで、さらなる情報へのアクセスをめざすために誕生したのが「ツール・ド・コミュニケーション」。この団体は、不要になった中古パソコンを再生し、提供する活動を行っています。

診療所から始まった高齢者への健康支援活動は、現在「リーフグリーン」となり、高齢者や障害者、子育て中の親子を対象とした自立支援活動を行っています。こうして震災から五年後の二〇〇〇年に救援基地はNPO法人化し、「たかとりコミュニティセンター」と改称しました。

現在は「エフエムわいわい」「エフエムわいわい友の会」「神戸定住外国人支援センター」「リ

ーフグリーン」「多言語センターファシル」「ワールド・キッズ・コミュニティ」「アジア女性自立プロジェクト」「ツール・ド・コミュニケーション」「NGOベトナム in Kobe」の九つのNGOから構成される組織になっており、地域のニーズに対応して、NGO同士が知恵と人材を提供し合い、共同でプロジェクトを実施するケースが増えてきています。

「コミュニティセンターは、諸団体のシンボルで、私はまとめ役なのです。せっかくこれだけの団体が頑張っているのだから、みんなが離れないようにつないでいくことが私の使命かもしれません」と、神田さん。

被災地への救援活動という、お互いを結びつけていた課題がほぼ解決された今、組織を結びつけているものは、いったい何なのでしょうか。

NGOベトナム in Kobeの事務局長、ハティタンガさんは「外国人だから、おもしろがって知りたいというという気持ちが大事だと思うんです。助ける前に、友だちになろうという気持ちがすごく大事だと思います。日本の文化もすばらしいし、ほかの国の文化もすばらしいと思うんですね。だから、おかしいと思う前に、なんでそうなっているのか、その知りたい気持ちがすごく大事だと思っていますけど……」と、お互いが違うからこそ、相手のことを知りたいと思う、関心や好奇心を大切にすることが、国際理解の原点にあるといいます。

## 救援から共生のまちづくりへ、コンセプトを転換

「エフエムわいわい」友の会のゼネラルマネージャー、金美玉さんは、「町の中には健常者もいれば、障害者もいる、高齢者もいれば、子供や赤ちゃんもいる、その中に外国人もいるんですけ

ど、それぞれの皆さんが違う文化をもっている。その違う文化をもっている人たちを排除するのではなくて、それぞれが認め合って生活していける豊かな町、自分たちが住んでいてほんとうに楽しい町、すてきな町だなと言えるような町づくりのお手伝いをできるように、情報を発信していくのが、エフエムわいわいなんです」といまの役割を語ります。

ワールドキッズコミュニティ代表の吉富志津代さんは、「社会の中で少数者への視点は、日本の中では忘れられているんじゃないかと思うんです。外国人ということでなく、少数者の人たちでも生きやすい町づくりをめざしている人たちの活動だと思っています。しっかりとこの日本の社会の中で自立して生きる人たち、そういう人たちがつくりあげた自立したコミュニティがあって、地域の中で一緒に暮らしていけるというふうに考えています」。

再び神田さん「一緒に住んでいても目に見えない、ただ想像上だけで外国の人たちがいるというのでは何も進まないのだけど、直接出会える出会いの場づくりがたいせつです。たかとりコミュニティセンターもこの場所だけではなくて、周辺地域の中で外国の人たちと、もともと住んでいた日本人の方が出会っていく場づくり――それがやっぱりいちばん大事なことじゃないかなと思っています」。

震災から十年の歳月が経過した今、たかとりコミュニティセンターは、多くの外国籍住民が住む長田区で、国籍を異にする住民も同じ地域の一員として一体となり、横の連携を密にしながら、国籍や民族、年齢や性別で疎外されることのないまちづくりをめざしています。

27 戸沢村国際交流協会

# 外国人花嫁と共に楽しく暮らすことをめざして

多文化共生支援

## アジアからの花嫁の立場にたった戸沢村の配慮ある支援活動

戸沢村は山形県の北部にある人口約六千八百人の小村です。村の中心部に位置する古口地区は、かつて松尾芭蕉が訪れ、「五月雨を集めて早し最上川」という名句を詠んだところです。また有名な最上川舟下りは年間三十万人以上の観光客でにぎわいます。

戸沢村国際交流協会会長の芳賀欣一さんは語ります。

「私たちの協会は、一九八五年に国連が提唱した国際青年年の際に、アジア学院（102頁参照）で研修していたアジア・アフリカの農業指導者たちを招き、ホームステイを通じた交流活動から始まりました」。

一九八六年には「戸沢国際交流塾」が発足し、八九年には気候の似た韓国松鶴面の農村と交流が始まりました。農業技術の交換により、現在松鶴面では戸沢式のハム工場が稼動し、戸沢村では「韓国花嫁指南・戸沢流キムチ」が生まれ、村の特産品になっています。

「その一方で、一九八八年頃から行政のバックアップで、フィリピンや韓国の婦人たちが村に嫁いでくるようになり、異文化の中で生活していた女性たちが突如として私たちの村で共に生活するようになったのです。そこで、私たちは外国籍の配偶者のための日本語教室を、嫁ぎ先のおばあちゃんたち向けにはハングル語教室を始め、さらに家族全員が参加できる交流会を開きました。今では、同じコミュニティの住民として生活することによって、異文化、多文化共生社会の実現をめざす認識が生まれています」。

戸沢村では、外国人の受け入れは本人と家族だけではなく、地域も含めてケアすべき問題であるという認識のもと、さまざまな対応がなされています。

そのひとつが日本語教室です。彼女たちの文化や言語を尊重し、母国語を介した日本語教育を行っています。一九九〇年にフィリピン人対象の教室と韓国人対象の教室を開講し、現在では中国人対象の教室も加わり、それぞれ週一回の授業を行っています。教室では受講生が母国語で情報交換できるため、ストレス解消の場としての役割も果たしています。

## 韓国文化のテーマパーク、高麗館の建設で弾みのついた国際交流

こうした流れと村の開発基本計画が結びつき、一九九七年には韓国文化を紹介するテーマパーク、日韓友好の村「高麗館」が建設されました。その建設を期に、さまざまな交流イベントが行われるようになり、家に閉じこもりがちだった外国人女性が母国の料理を通じて、文化を披露するようなことも多くなりました。

事務局長の荒川喜一さんはこう考えます。「戸沢の知名度を上げる、何かいい方法はないかと、ちょっと話が出たんです。さまざまな人たちとの話し合いのなかで、この協会がすでにあったものですから、諮問というか、意見をするというカタチのなかで、まとめていただいたという経由もあります。オープンするときに初めてモモカミ農楽祭というものをしたんですけど、その交流

のなかで韓国の“アジュマーの会”のお母さんたちが、一生懸命ならっている踊りを披露したというのが出発なんです」。

高麗館ができたことで、村民が自主的に交流活動に取り組む姿勢が芽生え、外国籍の花嫁さんが地域社会に参加し、村のために役に立ちたいという積極的な意志を表すようになりました。国際交流での通訳、民族舞踊を教える人、PTA事業で母国の料理を教える人、近所の中学生に英語を教える人、韓国の民話を出版した人、地域の若妻会・婦人会に入会した人など、自発的な社会参加が始まり、少しずつ村は変化していきました。

「私たち最上郡エリアの外国籍の婦人たち、中国籍、あるいはフィリピン、韓国の婦人たちがそこに集まっては、いろんな楽しいこと、例えば食事をしたり、お祭りごとをやったりとか、あるいは悩みの話をするとか、やっているんですね。ですから、建物自体は韓国の姿をしているんですけど、中身は国際的なアジアへの発信という役目があることで、高麗館を誇りに思っています」。

## 食文化を軸とした多文化共生とスローフード運動

会員の荒木鎮美さんの話です。

「なにかのイベントあったときに、中国やフィリピン、韓国などのいろんな料理を出して、みなさんに食べさせたりするんですよね。日本の人たちが、フィリピンにはこんな料理があるんだ、中国にはこういう料理があって、韓国にはこういう料理があるんだ、これはどうやってつくるのって聞かれたとき、私たちはけっこう興味をもって教えますね、これはこういうふうにつくるんだよって」。

最近、戸沢村食生活改善推進協議会が結成され、村に伝わる郷土料理を残そうと、料理レシピ集『次世代へのおくりもの』が刊行されました。地元の伝統料理を掘り起こし、次世代に伝えるという、まさにスローフードを中心とする企画です。料理の募集から献立選定、レシピの作成、調理や写真撮影など、約五年をかけて制作してきたものです。地元の豊かな食材を利用した伝統の家庭料理や国際結婚で、国際交流が進む戸沢村らしい、韓国料理やフィリピン料理なども取り入れています。

「ひとつの文化を共有していくと、違っていていいんじゃないかと、ひとりひとりが違っていいと、違っていることを誇りに思って、認め合っていこうと、それが楽しいことにつながるということをいつも思っているんですよ。ですから、国際交流の大切さというか歓びというか、そいうものは、違いというものを誇りにして生活していくと、それが国際化につながっていくと思っているんですよ」と芳賀さん。

戸沢村国際交流協会はこれからも各国アジアとの農業技術、食文化交流や児童交流を基本に、言葉、文化の違いを認め合い、同じ地域の住民としての多文化共生社会をめざします。また地域交流の成果を活かした地域ブランド特産品の確立に貢献し、地域経済の活性化へとつながる活躍が期待されます。

28 たんぽぽの家

# 障害者のハンディを、個性が活きる道に変える

## 障害者の子どもを持つ母親たちが結成——自立を支援する「たんぽぽの会」

福祉

財団法人「たんぽぽの家」は、障害を持つ人の社会的自立をめざす、たんぽぽの家づくり運動を進める団体「奈良たんぽぽ会」として、一九七六年に奈良県で結成されました。国際障害者年の一九八一年から「わたぼうしコンサート」を国内外で開催し、その後、活動分野を広げ、「エイブルアート運動」、「セルフケア」、「ケアする人のケア」など、医療や福祉に関わる多様な分野で先駆的な活動を展開するようになっています。

「みんな同じ空の下に生きている」、この言葉を合言葉として、障害をもつ人たちも、地域のなかで人間らしくいきいきと生きられる社会をつくろうとの想いで、障害をもつ子どもたちの母親が中心になって結成されたのが「奈良たんぽぽの会」です。

一九八七年には、「社会福祉法人わたぼうしの会」の設立が認可され、現在は、障害をもつ人たちが、芸術活動などの創造的活動を通して自己を表現し、社会自立をめざすためのネットワークを広げる活動を行っています。

「たんぽぽの家」はおもに障害をもつ人たちの自立を支援するワークセンターとして機能しています。また、障害をもつ人たちの芸術文化活動を支援するエイブルアート運動や、芸術文化を

通じてアジアの障害をもつ人たちと交流する事業なども行っています。そして「街の元気ステーション」として、地域に開かれた文化施設の役割も果たしています。

## 奈良から全国へ、世界へ広がる飛躍の切っかけ「わたぼうしコンサート」

“歌は心と心の架け橋”というキャッチフレーズをもつ「わたぼうしコンサート」は、障害をもつ人の詩にメロディーをつけて歌い、障害をもつ人たちが、日々感じたことや思いを綴った“詩”をメロディーに乗せて人々に伝えます。この活動は、一九七三年、障害をもつ青年の詩と音楽集団“奈良フォーク村”の出会いから始まりました。生きることの喜び、哀しみ、やさしさにあふれた詩の世界に引き込まれたフォーク村のメンバーは、次々と詩に曲をつけ、一九七五年四月、はじめての「わたぼうしコンサート」を奈良県文化会館大ホールで開きました。客席は満席となり、大成功をおさめます。

翌一九七六年には全国各地の障害をもつ人の詩に光をあてようと「全国わたぼうし音楽祭」が開催されました。多くのボランティアの愛情と熱意によって支えられたこの音楽祭はどこでも満席となり、以降、毎年開催され、海外でも開かれるようになっています。

「わたぼうしコンサート」からは、さまざまな新しい活動が生まれました。そのひとつに「わたぼうし文化基金」があります。一九八一年の国際障害者年を記念して設立されたこの基金は、障害をもつ人の文化を高め、支援するために設立された基金です。この基金によって、「わたぼうしコンサート」、「わたぼうし文学賞」、「わたぼうし芸術祭」、「わたぼうし語り部学校」、「わたぼうし語り部コンクール」、海外の障害をもつ人の文化との文化交流、障害をもつ人たちの文化への関心を高めるための事業、障害をもつ人の詩集や絵本やノンフィクションの出版などが行われています。

一九九五年からは、障害のある人たちのアートを新しい視座でとらえなおす「エイブルアート運動」を展開しています。この運動は、障害のある人たちのアートを、可能性の芸術としてとらえ、アートを通して、人と人、人と自然、人と社会のつながりを回復し、その豊かなつながりの中で、人間性の回復をめざした運動です。自己実現（最善の自己になること）、コラボレーション（コミュニティ・共生の実現）、そして癒し（生命の回復）という三つのキーコンセプトに据えています。

## ケア、アート、ライフの三つのセクションが、組織運営の柱に

いま「たんぽぽの会」は、「ケア」「アート」「ライフ」の三つのセクションをつくり、内外の人的資源と情報を総合的に活かす工夫をしながら、「幸せになる」ことを支援できる場と仕組みづくりを進めています。

「ケアの部」は、心と体が元気でいられるように、総合的なケア環境の充実をめざし、横断型のチームを編成し、“ケア”について、さまざまな提言や活動を行っています。そのひとつが、「自然のなかに文化をみる」「文化のなかに自然をみる」をキーワードにした活動です。自然に触れることは、障害のある人や高齢者にとって、五感を刺激し、感覚を呼び覚まし、生きる力を育むことにつながります。そんな自然の力に着目しての活動です。

「アートの部」では、障害のある人の「創る」「学ぶ」「遊ぶ」「喜び」「癒し」を支援し、生き

る力を育て、アートを通した地域に開かれた福祉施設づつくりをめざしています。アートによって「自分が自分になる」「自分の存在に価値を認める」「自分の人生を自分でデザインする」ことが、確実に実現され始めています。

「ライフの部」は、障害のある人たちの生き方を総合的に支援していくために、「働く」「学ぶ」「暮らす」「遊ぶ」をテーマに有意義なワークショップやイベントを実施しています。

ケア付きホーム「コットンハウス」、「たんぽぽ生活支援センター」などの施設を運営し、障害のある人とその家族が、地域のなかでいきいきと生きることを支援しています。「社会就労センターたんぽぽの家」は、ハンディをもつ人が、その障害を個性として活かし、自分の可能性に挑戦できるように支援し、既製の仕事に合わせるのではなく、それぞれの個性を活かした仕事を開発し、その人の可能性を引き出します。

二〇〇五年の愛・地球博「地球市民村」にも出展。このプロジェクトにまつわる作業と衣食住は、大勢のボランティアスタッフによって支えられました。

「みんな同じ空の下に生きている」を合言葉に、試行錯誤の運動がスタートして三十年。財団法人「たんぽぽの家」の活動は、周囲に共感を巻き起こし、さらに大きく飛躍しようとしています。

29
栃工高
国際ボランティア
ネットワーク

# 学校の枠を超え、地域やNGOと連携をはかる

福祉

## 工業高校を中心とした福祉事業のネットワークを築く

栃工高国際ボランティアネットワークは、栃木県立栃木工業高等学校としての特色を活かし、「地域と世界に奉仕できる心豊かな技術者の育成をめざして」をスローガンに、一九八五年に設立されました。

栃木工業高等学校を中心として、同高校生徒会、OBクラブ、地域の社会活動団体が、さまざまなボランティア活動を行う際のネットワークをいいます。

同ネットワークでは、タイ、フィリピン、マレーシア、ネパール、中国、韓国、インド、スリランカ、ウガンダ、ケニア、ザンビア等に車椅子を寄贈する活動を行っています。国内での車椅子修理は、同校の福祉機器部と機械科の課題実習で行われます。

寄贈にあたっては、必ずビデオや写真を一緒に送り届け、寄贈先からは報告を送ってもらうようにしています。これは単に物を届けるだけではなく、人と人との交流が生まれるように願っているからです。

## 和顔愛語を教育理念に心豊かな技術者の育成につとめる

栃木工業高等学校は一九六二年四月に開校した、全生徒約七百名の工業科専門の高校です。校訓は「和顔愛語」（わがんあいご）。いつもやわらいだ顔で相手の心をくみとり、相手の心持ちを察してその人と接する、という意味です。この校訓を掲げ、ものづくりを通して国際社会を生きる、心豊かな技術者を育成することが同校の理念で、車椅子修理やタイ王国における福祉ボランティア活動等、工業の技術を生かした福祉教育活動が授業の中に組み込まれているユニークな学校です。

国際ネットワークは、タイボランティア活動をはじめとする国際交流活動のほか、外部講師を招いての講演会や車椅子体験学習などの構内福祉啓発活動、地元の養護学校や老人ホームへの訪問、身体の不自由な方が利用しやすい福祉機器の製作など、幅広い奉仕活動も行っています。

これらの活動は高く評価され、これまでに「馬場賞」「朝日のびのび教育賞」「善行青少年賞」など、数多くの表彰を受けています。

なかでも現地の福祉施設で車椅子の修理体験を行う「タイ王国ボランティア活動」と、車椅子をアジアやアフリカに飛行機を利用して寄贈する「空飛ぶ車椅子活動」が、国際交流活動の二本柱です。

**車椅子の修理活動を通して国際交流。タイボランティア活動**

タイボランティア活動は、「実践してみよう！　地域と世界をつなぐボランティア活動を」の呼びかけのもと、一九九一年に、学校創立三十周年の記念行事として始められた国際交流活動の第一弾。現地のＮＧＯの協力のもと、毎年、生徒をタイ各地の福祉施設に派遣し、車椅子の修理などを通して地元市民との交流を積極的に行い、国際化に対応する人材育成をはかっています。これまでに百名を超える栃工高生がタイでのボランティア活動を経験してきました。

栃木西ロータリークラブ、国際交流基金、国際ソロプチミスト栃木、日本社会福祉弘済会、そして栃木工業高校のPTA、栃木工業高等学校同窓会など、さまざまな団体の支援を受けているのも特徴です。

二〇〇三年の例をとると、タイでの活動は八日間。四つの施設で修理活動を行い、車椅子九台、手こぎ三輪車十七台、合計二六台を修理しています。

参加した生徒のひとりは、同校のホームページで、こんな感想を述べています。

「われわれは、車椅子を直してあげるのではなく、直させてもらっている。直した車椅子は利用者の足になる。生活が変わるという修理活動の理念を再確認し、活動に望むことができたと思います」。

## 世界各地へ車椅子を寄贈する「空飛ぶ車椅子」活動

地域の福祉施設、病院、個人から寄贈された車椅子を修理する活動は、工業高校ならではの活動ですが、修理された車椅子は、タイ、韓国、ケニアなど、アジア・アフリカを中心とした世界十八カ国に贈られており、その寄贈台数は、これまでに八百台を超えています。

またこうした活動を経験したOBが、自発的に栃工高校ウェルフェア会を結成し、ボランティア活動を行う現役の高校生へのアドバイスや指導を行っており、その活動ぶりはさまざまなところで高い評価を得ています。

栃工高国際ボランティアネットワークは、地元で社会貢献活動を行っている、さまざまな団体との連携を大切にしており、こうした学校の枠を超えた、地域に支えられての活動のあり方が、青少年の国際文化交流のひとつのモデルと言えます。

地域での交流活動が基本となり、そこで培われた思いやりの心や共生の心が、これからも栃工高校、手作りのネットワークを通して、世界へ広がっていくことでしょう。

30 故郷の家

# 在日コリアンの高齢者に故郷を提供

福祉

## 高齢化する在日コリアンのための介護施設「故郷の家」

これから日本の社会は、これまでに経験したことのない高齢化社会に入っていきます。これは日本人だけでなく、日本に住む外国人にとっても大きな問題です。永住者のなかで最大のグループは韓国・朝鮮人であり、当然のことながら在日外国人で最も高齢者が多いのもコリアンたちです。彼らの介護は、日本と同様に家庭内で行われることが多いのですが、すべての人に介護してくれる家族がいるわけではありません。いても、余裕のない家庭もあります。この問題に対応するために、いま日本各地に「特別養護老人ホーム」が開設されています。

社会福祉法人「こころの家族」特別養護老人ホーム「故郷の家」はそうした施設のひとつで、在日コリアンの高齢者が幸せな晩年を過ごせるようにと活動しています。最初の「故郷の家」は、一九八九年に大阪府堺市に開設されました。

同ホームでは、デイサービスで日本人の高齢者も積極的に受け入れ、地域住民とのさまざまな交流イベントを催し、草の根レベルでの日韓交流の場を提供しています。

創設者、尹基《ユンギ》（日本名・田内基）理事長は、一九八二年から韓国の子どもたちの生活費や、学費を支援する「こころの里親」のプログラムを始めました。この運動はその後、アフリカの子どもたちにも支援の輪を広げています。

## 老いた母の願いを心に秘め、故郷の雰囲気を再現する

「故郷の家」の最大の特徴は、日本でありながら韓国の雰囲気がみごとに再現されているところです。在日コリアンの高齢者に生まれ故郷にいるような場所を提供することは、尹さんの願いでした。

尹さんの母堂は、韓国で孤児院「木浦共生園」の運営にその一生をささげた田内千鶴子さんです。その生涯をつづった日韓合同映画「愛の黙示録」の上映活動は、日韓相互理解の促進に大きく貢献しています。

日本人女性でありながら、戦後も韓国に残り、孤児院を運営していた母親が、人生も終わりに近づいた頃に、日本人として故郷への思いを募らせるようになり、幼い頃食べた日本食を恋しがっていたのです。

このことから尹理事長は、韓国に帰れなかった在日コリアン高齢者たちも、幼少期を思い出させてくれるものを求めているのではないかと感じるようになったのです。日本に移住した尹氏は、いつか必ずそのような場所をつくろうと決意していました。

設立の引き金となったのは、在日韓国人高齢者の孤独な死の姿でした。これはいけない、なんとかしなくてはの気持ちで、尹さんは立ち上がりました。彼の提唱で、日韓の多くの善意が集まりました。そして日本ではじめての在日韓国人のための老人ホームができました。

「その人らしく、生きて欲しい」という願いのもと、特別養護老人ホーム「故郷の家」では、

民族性もその人の個性ととらえ、そのうえで、一人ひとりの独自性を大切にし、人間性を尊重する福祉を実践しています。

在日コリアンの高齢者は、差別の中、長い間、日本の福祉行政の枠外に置かれていました。しかし、ここでは介護の必要な在日コリアンのお年寄りを、若い日本人スタッフが親身になって世話する姿が見られます。「生きていて良かった」と言うような、ハルモニ（おばあさん）の笑顔が、職員の励みです。心にわだかまりも偏見もない、若いスタッフの献身には情が通います。生まれ故郷のような民族的な香りのするホームで、日本人のお年寄りとも和気あいあいと仲良く暮らしています。

二〇〇一年春には、在日コリアンと日本人、外国人が共に暮らす老人ホーム「故郷の家・神戸」が新たに完成しました。地上三階、地下一階の鉄筋コンクリート建て。行き届いたバリアフリー設計で最新の設備を誇ります。

## 日韓友好の拠点として、地域に開かれた施設をめざす

建設当初から「地域に開かれた施設であってほしい」との要望に応え、「キムチと梅干しの両方が食べられる共生ホーム」をめざしています。三九人のコリアンと十九人の日本人が和やかに暮らし、日韓交流を核とした、多文化共生の先駆的活動を行っています。

神戸の「故郷の家」は、兵庫県立湊川高校定時制で学ぶコリアンたちの「神戸にもこんな施設を作ってほしい」との一言で始まりました。一九九六年、堺の「故郷の家」を訪ねたハルモニたちは、韓国語が話せてオンドル部屋で、キムチ付きの食事ができる施設にすっかり魅了されたの

です。

尹さんは当初、次は東京に在日と日本人の共生の施設をと考えていたそうですが、神戸の人々の熱意に動かされ、神戸での建設となりました。地主が比較的安価な坪単価で土地を提供してくれたうえ、近隣の住民たちも建設に好意的な反応を示してくれたそうです。

「故郷の家」の各部屋には韓国の伝統的な床暖房オンドルや韓国の家具、装飾品が備えられています。もちろん韓国語が交わされ、食事も伝統的な韓国料理です。在日コリアンにとってまさにオアシスです。

二〇〇三年、「故郷の家・神戸」では、設立二周年を祝う記念行事が行われました。入居者のコリアンは、チマ・チョゴリやパジ・チョゴリなどでおめかしして参加。韓国料理の模擬店や衣料品のチャリティーバザーなど各コーナーでにぎわう会場で、訪れた家族や学生ボランティアたちとだんらんのひと時を過ごしました。

「このような施設が日本にはもっと必要です」と理事長は語ります。「故郷の家」は日本人の良心と韓国人の同胞愛、そして民族を超えた人間愛が結実するところです。尹さんは、出来れば、全国に十カ所ぐらいは、この「故郷の家」を建てたいと願っています。

31 北方圏国際シンポジウム実行委員会

# 市民が支える流氷の町でのシンポジウム

## 流氷のまち、紋別で、市民が国際シンポジウムのサポーターに

地域活性

北方圏国際シンポジウム（国際流氷シンポジウム）委員会は、流氷のまち、紋別で開催される国際的な学術交流を、市民ボランティアと一丸となって支えると共に、海外から集う研究者と市民の交流の機会を提供し、国際友好親善の促進に寄与している団体です。

一九八五年、紋別市にある北海道大学低温科学研究所流氷研究施設（流氷研）の設立二十周年を記念して開催されることになった「国際流氷シンポジウム」を、まち全体で成功させようと結成されたのがきっかけでした。

実行委員会には、各界の市民が結集し、そこに三百名余のボランティアも加わり、実に十八年間にわたり街をあげてシンポジウム運営を支えています。

紋別市は北海道のオホーツク海沿岸のほぼ中央に位置し、西部は南北に連なる北見山地に、南部は東西に起伏する千島山系に囲まれています。弁天岬から弓状に伸びる海岸線は風波を避ける天然の良港となっており、気候は冷涼で、とくに冬は流氷の到来もあって厳寒の気候になります。

紋別の町は江戸の貞享年間（一六八四〜一六八七年）に、松前藩がオホーツク海沿岸の寄港地として利用したのをきっかけに発展し、明治十二年に紋別村外九カ村戸長役場を設置し、以後、

沿岸漁業の活性化や道路の開削、国鉄名寄線の開通によって人口を急増し、地域の行政および産業経済の要衝として発展を続けました。

昭和二九年七月に、紋別町、渚滑村、上渚滑村の一町二村の合併により、漁業、農業、鉱業を基幹産業とする人口三万六千人の「紋別市」が誕生しました。昭和四八年に東洋一の産出量を誇った鴻之舞金山が閉山しましたが、昭和五〇年には紋別港が重要港湾に指定され、国際貿易港として認知され、いまも整備が進んでいます。

## 流氷でまちおこし、オホーツク観光の目玉に成長

平成十一年には、新オホーツク紋別空港が開港し、平成十二年には東京直行便が就航。そして、わが国唯一の氷海域であるオホーツク海の特性を活かし、「流氷」をテーマとした街づくりと観光促進を進めています。海底からオホーツク海を観察できる氷海展望塔「オホーツクタワー」や流氷砕氷観光船「ガリンコ号」などのユニークな施設があります。平成十六年には近隣町村と連携して「オホーツクＤＯいなか博」を開催し、広域での体験型観光にも取り組んでいます。

シンポジウムは、国内外の研究者が集い、流氷やオホーツク海に関する学術研究成果を発表する場ですが、それだけでなく、海外研究者の地元学校訪問や交流会などが行われ、草の根の国際交流が活発に行われています。

また期間中に開催される市民講座や子どもシンポジウムを通じて、流氷が地球温暖化などの身近なテーマとも関係の深い存在であることに市民の理解も深まっています。

## 堅い学術会議も、もんべつ流氷まつりのひとつ

このように、流氷に対してひときわの思い入れのある市民たちが、地域の特性に根ざした国際的な学術交流を一丸となって支えながら、自らも国際交流を楽しみ、地域の風土を見つめなおす、いい機会になっています。

二〇〇六年二月には、第二一回流氷国際シンポジウムが開催されます。二月は、紋別が一年でもっとも寒くなる時期で、人気の観光スポット「オホーツクタワー」を一望するガリヤゾーンで「もんべつ流氷まつり」が開かれます。天然の氷でつくられた大小数十体の氷像が並ぶなか、町をあげてのお祭りが催されます。その祭りの中でシンポジウムも行われ、初日の一九日に開会式とレセプション、翌日から三日間、北の海をめぐり、さまざまなテーマで分科会とワークショップが開かれます。

今回は「氷海の民シンポジウム」、公開講座「オホーツク—ふるさとの海」、ワークショップ「油汚染と海洋環境」などが予定されており、ほかにも東京海洋大学の「冷たい水」の観測、サケマスの来遊、流氷レーダーに取って代わった「海洋レーダー」の検証、油汚染ワークショップなど、興味深いテーマを目玉に、いままで以上に住民参加を強化し、学術シンポジウムとの融合をはかり、会議を盛り上げようと企画しているところです。

32 智頭町活性化プロジェクト

# 過疎の山村が独自に切り拓いた海外交流への道

## 鳥取国体をきっかけに市民有志が立ち上げたまちおこしプロジェクト

地域活性

鳥取県智頭《ちず》町は、典型的な山間地の過疎地域です。県の東南部に位置し、西と南は岡山県に隣接。周囲は中国山地の山々が連なり、その山峡を縫って流れる川が智頭で合流し、千代川となり日本海に注いでいます。面積の約九三%を山林が占めて、江戸時代から杉の植林が盛んな地域でした。

かつて智頭町は、町長が毎年変わるという不安定な政治情勢を続けてきた町でした。この町政に不信をいだき続けていた有志たちは、一九八八年に智頭町活性化プロジェクト集団（ＣＣＰＴ）を立ち上げ、自らできることを模索しながら住民自治の仕組みを築いてきました。

まちおこし運動の機運は、一九八五年の鳥取国体の空手会場に町内の山形地区が選定された際、当時の公民館館長と特定郵便局長が、特産品の杉を活かして、国体の参加選手や観戦者向けの土産物の開発（杉の名刺、杉の香りはがき）を手がけたことに始まります。

### 智頭町活性化基金の立ち上げと海外研修事業

地域の活性化をめざすうえで最大の問題となるのが、人材不足の壁です。ＣＣＰＴでも立ち上げ当初からこの壁に直面していました。継続的な活動を行うための新たな時代に対応できる人材が不可欠だったのです。その必要性を感じたＣＣＰＴでは、一九八八年に海外研修を主目的とする「智頭町活性化基金（ＣＣＦ）」を設立しました。ただし、頼れるのは町民からの寄付のみという状況でした。「国際交流で本当に地域が活性化するの？」と十分な理解を得られないまま、五カ年という期限つきでの船出となりました。

しかし同年、最初のチャンスが訪れます。ふたりの青年をヨーロッパ研修へ送り出すことができたのです。「森林とコミュニティ」をテーマに、フィンランド、西ドイツ、スイスの三カ国で二週間の研修旅行を敢行しました。その成果報告は、新聞や地元の学校の体育館を舞台に精力的に行われ、懐疑的だった人々も「ひょっとしたら…」と少しずつ理解を示すようになりました。

そしてこの経験が、山の中の小さなまちが国際化をはかる大きなステップとなりました。翌年にはカナダのログハウス建築者養成学校・アランマッキースクールへ三人の青年を送り出し、一カ月にわたってログハウスの建築技術を学びました。彼らの習得した技術は帰国直後に立ち上げられた「杉の木村ログハウス建築事業」へと結実し、既存の集落にログハウスをつくり、ログビルダー養成講座を開くことで、智頭町ファンを増やすことに成功したのです。ログハウス完成後の維持管理は高齢者が担い、いよいよまち全体が活気づいてきました。

## 交換留学へと発展した海外研修制度

わずか二年で目をみはる成果を上げた海外研修も、三年目となる一九九〇年には新たな転機を迎えます。カナダ・ランプトンセントラル校との交換留学制度の締結です。六月にはカナダからの留学生を迎え、智頭農林高校へ約一カ月間通学、そして留学生の帰国に伴ない智頭町からふたりの高校生がカナダを訪れました。また同年、海外研修に大学生枠も設けられ、広島大学建築学科の大学生が四十日間にわたってヨーロッパの建築を歴訪しました。

一九九一年には留学生とのコラボレーションも実現しました。オレゴン大学からの留学生ティム・オリアリー君の手によって智頭地方の民話が英訳され、『FOLK TALES OF CHIZU（智頭の民話）』を発刊。智頭中学校に五年間の配布分千二百冊が寄贈され語学の副読本として使われたほか、オークリッジ市の中学校に二百冊、ランプトン・セントラル高校にも二十冊が贈られました。

ＣＣＦ設立時に定められた五年という期限を待つまでもなく、海外研修や交換留学制度は智頭町と切っても切り離せないものとなっていきました。現在、ＣＣＰＴで進められているプロジェクトの数は当初とは比べようもないほど増えていますが、海外交流はそのなかでももはや確固たる地位を築き、世界に通ずるアイデンティティを獲得しています。

## 有志の運動から町との協働体制へ発展した、ゼロ分のイチ村おこし運動

「ゼロ分のイチ村おこし運動」は、住民の発意によるまちづくりを、行政が支援するカタチで

一九九七年に町が制度化した運動です。企画書には、次のように記されています。

「そのまちが、マチとしての機能を持ち、誇り高い自治を確立するならば、二一世紀において、『智頭町』に確固たる位置づけを与えることができよう。そのための小さな大戦略は、集落の自治を高めることにある。智頭町『ゼロ分のイチ村おこし運動』の展開によって、地域をまるごと再評価し、自らの一歩で、外との交流や絆の構築をはかり、こころ豊かな誇り高い智頭町を創造できると考える。『ゼロ分のイチ村おこし運動』としたのは、零から一、つまり、無から有への一歩こそ、建国の村おこしの精神だからである。この地に住み、共に生き、人生を共に育んでいくことの価値を問う運動である。この運動は、智頭町内の各集落が、それぞれの特色をひとつだけ掘り起こし、外の社会に開くことによって、村の誇り（宝）づくりを行なう運動である」

「ゼロ分のイチ村おこし運動」に参加する集落は、まず集落振興協議会をつくります。集落振興協議会は、「集落振興協議会規約」にしたがって、運動を進めます。

議会規約では、協議会の運営資金は、全戸（年五千円以上）の負担を原則とし、全住民で運営していくこと。自らの責任によりボランティアで活動することをうたっています。

役場との窓口になるのも集落振興協議会です。運営資金として最初の二年は役場から年五十万円、三年目以降は年二五万円、十年間で合計三百万円の助成金が支給されました。その助成金は、設備、備品等に当てるのではなく、花づくり、文化の伝承、ふるさと便り等の運営費に当てられました。

具体的な活動内容として、人形浄瑠璃の保存伝承、子ども新聞の発行、花づくり運動、かずらかごの商品化研究、集落情報化の拠点づくり、蛇の輪の復元、福神漬け、味噌の製造販売など集落の特色を活かした活動が展開されています。

3 関西国際交流団体協議会

# 国際交流団体の活動基盤の充実をめざす

## 関西地域一円の国際交流団体の生きたネットワーク組織を形成

一九八〇年代初頭、国際交流団体の多くが、人材不足や資金不足などの問題を抱えており、活動に関わるさまざまな情報やノウハウの収集・活用が難しい状況にありました。そこで団体間の団結、連携を促進するため、一九八四年に七二団体が参加し、発足したのが、団体のための団体、「関西国際交流団体協議会」です。

環境破壊、貧困、人権抑圧、民族紛争など、現代社会には地球的規模の課題が多々ある一方、地域社会にもさまざまな課題が山積しており、それらは分野を超えて複雑につながっています。これらの課題は、NGO／NPO、ODAの実施機関、国際機関、地方自治体、企業、教育機関が個別に取り組んでいては解決できるものではなく、連携し、協働して取り組む必要があります。多様な分野の団体・機関が分野を超えて、それぞれ専門的に取り組んできた経験、知識、ネットワークを活用し、社会的な課題の解決をめざすための連携と協働の仕組みづくりをめざす協議会の活動は、大いに注目されています。

おもな事業としては、NGO／NPOの活動基盤の整備、人材育成、市民への啓蒙、活動への参加促進、多セクター間の連携促進があります。中でも各団体の基盤整備と発展を支援するため、

ネットワーク形成

人材育成、マネジメント力の向上に役立つ情報提供と指導は、スタッフの専門性の向上や各団体の組織運営と政策提言に役立つ有意義な取り組みとして高く評価されています。

また、NPOの社会保障制度を充実するために、利用可能な制度に関する情報提供や啓発を行っています。多数のNPOを取りまとめることで、個々のNPOでは実現できない充実した福利厚生制度の実現をめざし、NPO関係者、金融や労務の専門家らと研究会を行い「NPO保険」的な新制度を開発しています。良好な労働環境を作りだし、優秀な人材をNPOに集め、NPOの力量アップ達成に貢献する事業として注目されます。

## 諸団体と市民を結ぶネットワークのメディアと拠点を提供

協議会には、いくつかの部会があります。そのひとつ、日本語教室部会では、在住外国人の人権保障の一環として、生活に必要な日本語の習得支援に携わる日本語教室を開催している加盟団体が参加し、情報交換や意見交換が行われています。毎回、各教室の取り組み紹介や最新の教材、関連セミナー、全国的ネットワークの動き等についての情報交換を行うほか、コーディネート、研修、財源確保、対象者別指導法など、各教室が抱える課題をテーマに話し合い、解決のための糸口を見つけるきっかけを提供しており、また「日本語教室ダイレクトリー」の作成、「日本語ボランティア海外派遣事業」、「渡日児童生徒学校生活サポート」なども行っています。

また、国際交流情報誌『インターピープル』『NPOジャーナル』などの独自のメディアをもち、会員団体の情報にとどまらず、全国規模の幅広い情報を収集、整理、分析し、さまざまな問い合わせに対応しています。

ＮＧＯ／ＮＰＯへの関心が高まるなか、市民の活動への参加希望や行政・企業等のＮＰＯとの協働を求める声が高まっています。協議会では、「ｐｉａ ＮＰＯインフォメーションセンター」と「市民プラザ」を拠点として、ＮＰＯ、ＮＧＯと市民をつなぐために、雑誌・書籍、インターネット、催し物、相談業務等を通じて、全国および海外のＮＧＯ／ＮＰＯに関する情報収集と提供事業を行っています。

拠点のひとつ、ｐｉａ ＮＰＯインフォメーションセンターは、大阪ベイエリアに位置する地上六階建ての日本初のＮＰＯの大型複合拠点施設です。ＮＰＯ、国際交流・協力の情報入手や相談ができるこの拠点には、四百平方メートルの広々としたスペースに図書約千三百冊、ＮＰＯ、ＮＧＯ、国連機関、国際機関等七百団体が発行するニュースレターファイル、パンフレット千百種類以上を取り揃えています。イベント、助成金、就職、スタディツアーなどの最新情報を提供するほか、「地球子ども塾」を始めとするワークショップやセミナーなども開催されており、市民にとっては、「ここに来ればＮＰＯや国際交流活動がわかる」施設となっています。

また、行政が施設を提供し、建物の整備や管理を民間会社が担い、ソフトをＮＰＯが担う、行政・企業・ＮＰＯの協働の成功例として、有体施設を活用したＮＰＯ支援施設の先駆けとして視察の受け入れを行い、全国に先駆けたモデルケースとしての役割を果たしています。

もうひとつの拠点、大阪国際交流センター「市民プラザ」では、話題のトピックを取り上げたり、楽しみながら参加できるプログラムを通して、市民の関心を高め、ＮＧＯ／ＮＰＯ活動への理解と参加を促進し、その裾野を広げる事業に取り組んでいます。

## 市民への啓蒙活動として、「ワン・ワールド・フェスティバル」を開催

関西国際交流団体協議会では「二一世紀、共に生きる世界をつくるために私たちができること」をテーマに一九九三年から「ワン・ワールド・フェスティバル」を開催しています。平和、人権、環境、貧困など地球規模の課題を解決するためには、それらを市民一人ひとりが自らの問題としてとらえ、考え、行動することが必要であることを訴えています。

ＮＧＯ、政府機関、国際機関、自治体、企業が協力し、毎年開催されるフェスティバルには、関西の主要ＮＧＯが一堂に会するほか、百人以上のボランティアが参加して、シンポジウムやタウンミーティング、世界の文化を体験できるコーナー、民族料理模擬店、民族音楽と舞踊のステージなど、見て、聞いて、体験し、理解するプログラムが盛りだくさんに行われます。

日本のＮＰＯは著しい発展をとげつつあり、公益の担い手としての社会的責任を果たすことが求められています。実績を残せるＮＰＯとなるためには、個々の組織の力量形成や活動のための場が必要であり、現在の日本ではその前提となる社会基盤の整備が急務となっています。関西国際交流団体協議会は、その先駆けとなるモデルとして、これからも活躍が期待されます。

interview 07

# 社会変革の触媒として、協働のコーディネーターとして

関西国際交流団体協議会事務局長　有田典代さん

――設立の経緯をお聞かせください。

今から二二年前の一九八三年七月に、京阪神地域で活動する五団体が主催して、「民際フォーラム」を大阪で開催しました。関西で活動する団体や担い手約七百人が初めて一堂に会し、活動をアピールするもので、画期的なものでした。そこに参加した団体から、関西の国際交流・協力の推進力となるような組織をつくろう、団体相互の活動活性化と情報交換のためのネットワークを形成しようとの声があがり、一九八四年に二二団体が参集して設立準備会を発足。連合体の設立に向けて参加を呼びかけ、七二団体が参加し、一九八四年一二月一〇日に発足しました。今日では、関西の主要な団体一七〇が加盟する連合体となっています。

――活動はどのような特徴がありますか。

私たちの協議会が「国際交流基金地域交流振興賞」を受賞した際の受賞理由に、「民間の国際交流団体のネットワーク化の重要性をいち早く認識し、関西地域においてこれを実現させた先見性と活発な活動が他の範になっている」とあるように、私たちはこの二一年間、ネットワークを重視し、連合体ならではの活動に取り組んできました。

近年になって、各地でネットワークが形成されるようになり、問い合わせが多くなっていますが、私たちの協議会の特徴は次のとおりです。

一、行政主導ではなく、民間団体からの要望として設立したこと。

二、早い時期にキー・パーソンやキーとなる団体のネットワークが築けたこと。

三、多種多様な団体が府県の行政枠を超えて参加していること。

四、会員が目的を共有し、主体的に参加していること。

五、拠点(事務局)を置き、その事務局を民間が担い、専従スタッフを置いていること。

六、行政依存ではなく、民間主体の運営であること。

七、行政機関との協力体制が構築できていること。

八、企業・経済団体との連携があること。

九、独自のメディアをもっていること。

十、幅広い情報を収集し、整理・分析し、さまざまな問い合わせに対応できること。

十一、手前味噌ですが、信頼を得ていること。

十二、ネットワーク（連合体）ならではの活動（具体的には、NGO／NPOの活動基盤の整備、人材育成、市民の意識啓発・活動への参加促進、多セクター間の連携・協働）に取り組んでいること。

**——地域や関係団体との関係に変化はありますか。**

とりわけ、力を入れているのが、「NPOがいきいきと活動できる環境基盤整備」です。そのひとつとして、三年前に大阪市の遊休施設（地下一階、地上六階建て、延べ床面積五千五百平方メートルの建物）を借り受け、アジア最大のNPO拠点施設「pia NPO」を開設しました。安価で柔軟な料金で借りられるNPOの事務所や、同時通訳施設や大小の貸会議室、豊富な情報を揃えたインフォメーションセンターを備えます。この施設を通して、「NPOが集積することによる情報発信力の向上」、「新しい国際人の育成」、「未来を拓くNPOビジネスの創造」、「市民参加による公益活動の推進」、「豊かなコミュニティの創造」などの目的を掲げています。

現在、二三の団体が入居し、団体間で協働が行われるなど活発に活動しています。また、さまざまな国際会議やNGOの活動報告会、NPOセミナーなどに利用されたり、総合学習や修学旅行、大学のフィールドワークなどの教育への協力、国内外からも視察などに数多く訪問されています。

もうひとつ力を入れているのが、オピニオン誌『NPOジャーナル』の発行です。NPOへの関心と期待が高まるなか、NPOの現状や課題を分析し、社会的使命を果たすために、NPOのあり方を社会に提起していこうというものです。「NPOで働く」、「NPOの財源戦略」、「信頼されるNPOとは」、「協働」、「多民族社会ニッポン」などこれまで取り上げられなかったテーマに取り組んだことから、多くの方にご愛読いただけるようになってきました。

**——今後の展望、目標をお聞かせください。**

設立して二一年。社会や時代の変化によって、ネットワーク（連合体）に求められる役割も変化していることから、私たちも社会状況の変化に応じて役割を再定義し、事業を見直してきました。

「私たちがめざす社会はどのようなものであるか」という社会的将来像を描きながら、「そのために自分たちは何をなすべきなのか」を考えてきたといえます。

地域紛争、貧困、環境破壊、人権抑圧など国際社会の抱える課題は年々深刻になり、日本社会においても移住労働者の増加に伴う多民族化が進むなか、国際交流・協力活動、市民活動はますます重要になってきています。

また、社会が抱える課題解決のためには、あるいはこれからの地域レベルの交流・協力には、教育、福祉、環境など多分野のNGO／NPO、ODA実施機関、行政、高等教育機関などの多様なセクターの協働が重要になってきます。私たちは市民社会実現のために、社会変革の触媒として、また、協働のコーディネーターとして活動していきたいと考えています。

# 第二章　文化力こそ地域力

対談：御厨貴×上山信一

対談

# 文化力こそ地域力

## ——外へ向かう勇気、外からの発想

**御厨 貴** みくりや・たかし
（東京大学先端科学技術研究センター教授）

**上山信一** うえやま・しんいち
（慶應義塾大学教授）

国際交流基金（ジャパンファウンデーション）は
サントリー文化財団と二〇〇三年度に
「地域文化と国際交流を考えるワークショップ——地球が舞台」、
そのまとめとして二〇〇四年十一月に
「シンポジウム——地球が舞台」を開催しました。
コーディネーターを務められた御厨貴氏、
パネリストとして出席された上山信一氏の両氏に、
世界の中で地域文化をどう位置づけ、どう育てていくのか、
地域社会を活性化するための手段としての
国際交流のあり方について、
改めて議論をお願いしました。

## 地域の文化力競争の時代へ

**御厨**　二〇〇三年度のワークショップや昨年のシンポジウム「地球が舞台」を通して、私たちはサントリー地域文化賞や国際交流基金地域交流賞を受賞した地域を実際に見たり、報告を聞いたりしてきました。その話に入る前に、まず地方や地域を取り巻く状況を見ておきましょう。

「地方の時代」というのは言い古された言葉ですが、その内実はずいぶん変わってきましたね。政策的には、一九六二年に閣議決定された全国総合開発計画から「地域間の均衡ある発展」を基本目標に掲げ、すでに地方や地域に着目はしています。しかし、それは基本的には産業を誘致して開発しようといった、地域に中央と同じものを作ろうという発想でした。地方の側も横並びで補助金をいかに取ってくるかが最大の関心の的でした。

全国総合開発計画はほぼ十年ごとに改定されますが、一九八七年の第四次（四全総）に至っては、もう地方はいい、東京に一極集中しようという話になったわけです。では、東京に文化が生まれたかというと、バブル崩壊とともに虫食い状態のまま。一九九八年の「二一世紀の国土のグランドデザイン」（五全総）はほとんど機能していないと言えるでしょう。

**上山**　明治以来、富国強兵、殖産興業の枠組みのなかで中央集権的に地方の面倒は国が見てきた。ここ三十年、ずっと「地方の時代」と言われてきたのも、実は地方でも東京モデルを展開させようというものだった。しかし、いまや中央、国の発展モデルが見えなくなってしまった。今の「地方の時代」というのは、もう国は面倒を見ないから、あとは勝手にやれという意味です。これを危機ととらえるか、チャンスととらえるか。それによって今後の地方の生き方が違ってくる。

お金の流れから見ると、地方から都会に人は集まり、都会を中心とする大企業が稼ぎ、それを国が税金という形で集約して、地方に循環させてきた。公共事業と地方交付税は、都会に出てきた地方の人たちからの仕送りだとも言える。

ところが、今は国にお金がなくなり、地方は勝手にやってくれとなった。「国から地方へ」というのは改革の理念でもあるがお金の問題が大きい。公共セクターは七百兆円から一千兆円の累積債務。企業は二百兆円から三百兆円の不良債権と言われます。これに対して、個人、つまり家計が千四百兆円の資産をもっている。地方からすると、今後は都会を中心とする個人の資産が直接流れてこないとやっていけない状況です。

**御厨**　地方の時代とはいえ、追随するべきモデルもなくなり、財源もないという状態ですね。

**上山**　そうですね。地方側としては、都会の個人が自分たちの地域に目を向けてくれるビジネスモデルを自分で作らなくてはいけない。京都や金沢など、観光地として確立された場所なら、もっと遊びに来てくださいと言えばいい。しかし、そうでない地域は厳しい。北東北のある村の極端な例だが、何もないから霊園と温泉をセットにして東京から墓参りで年に二回でも来てもらおうかという話になる。

多くの場合、有機野菜を都会の人たちに産地から直販するとか、夏休みに子どもたちを二カ月ほど引き受けて一緒に山を歩くといった自然を活かす活動がある。しかし、自然はどこにでもある。なぜその地方でなければいけないのか。それを説得力のある形で訴えなければならない。千四百兆円というお金をどうやって自分たちの地域に還流させるかという意味では、地域間が文化力を競う時代になってきている。

## 海外に開くことで地域文化を見直す

**御厨**　私たちが見てきた事例でも、中央モデルや東京モデルを特に意識しないで、自然にやってきたらこうなったというケースがありますね。例えば、長野県飯田市の「いいだ人形劇フェスタ」の場合、もともと浄瑠璃の伝統があった場所ですが、とにかく人形劇をやってみたらと一九七九年から始まり、人形劇の関係者と地元の人たち、行政との三者の連係の形でずっとやってきた。そのなかで小学校でも人形劇をという話が起きてきた。人形劇に触れようと、全国から人が集まってくる。そうこうするうちに、今度は海外との提携が始まる。東京を通らずに人形劇に関わる人が全国から集まってきて、突然、国際化したわけです。

**上山**　同様に「ＹＯＳＡＫＯＩソーラン祭り」は北海道の札幌で生まれて広がった。歴史が浅く地元にこだわりがないからできたと思います。よさこい祭り自体は高知のものですが、雪解けの六月は何かやりたいという北国の雰囲気にぴたりとはまった。飽きさせないために毎年工夫をし、全国各地にも広がり、いまや世界につながるところまできた。関連グッズやブランドもできて、経済にもつながる。しかも、リーダーの長谷川岳氏が地元出身ではな

いのがおもしろいですね。

　これからの時代、必ずしも東京の檜舞台をふんでから海外へ出ていくというものでなくなる。日本の地域文化が本来もっている力は、客観的に見れば、かなりレベルが高い。地元の人は、「いや、たかが田舎の歌舞伎です」などと謙遜しますが、十分世界に通用する。

　日本の伝統芸能は中国や朝鮮半島からいいものを継承し、長い時間をかけてその地で育まれたわけです。そういう意味では地方はいわゆる「文化果つる地」どころか、「文化煮詰まる地」であって、それを世界中に素直に見せればいい。東京で認められることをめざすよりも、まず海外の人に見せてみる。そのあたりから、地方と地域の位置づけを相対的に再発見できる可能性もあります。

## 最初は遊び心から広がっていく

**御厨**　飯田のケースと似ているのが、富山県南砺《なんと》市（旧・福野町）の「スキヤキ・ミーツ・ザ・ワールド」ですね。トリニダード・トバゴの楽団が一カ月ほど町に滞在し、地域の人たちがスティールドラムを習得した。そこから楽団「スキヤキ・スティール・オーケストラ」が生まれ、各地で演奏活動を行っている。これも突然、トリニダード・トバゴと結んだわけでしょう。現実に飯田や福野の人と話をしてみると、行政に関わっている人を含めて、楽しんでやってます。そこがポイントで、一生懸命頑張ってやろうとするとくたびれちゃうんですね。

**上山**　そうですね。京都、金沢の文化がすごいのも、日常から文化に触れて、みんなが遊んでいるからですね。そのうえで発信しブランドになっている。

**御厨**　その遊び心が広がっていく先に何が見えるかでしょう。

**上山**　芸術やお祭りだけでなく、食べ物とか、工芸品、ファッションなど、いろいろなものがつながって盛り上がっている。だから魅力的なわけですよね。まず自らが楽しみ、かつ、それを外に説明し見せていくということでしょうか。

**御厨**　そうですね。説明することが大事ですね。なかで思っているだけだと内向的になって、しかも排他的になりがちです。そうではなくて、それが広がっていって、外に説明するなかでもう一度自分を位置づけるといった作業が必要でしょうね。

## 祭りを行なうことで地域力が育つ

**上山**　伝統芸能のない場所では、お祭りを作ったり、スポーツイベントをやるとよい。シンポジウムで日本サッカー協会キャプテンの川淵三郎氏が発言していましたが、Jリーグと鹿島の関係はよい例ですね。鹿島は特に大きな特徴のない街で、石油化学コンビナートなどができて発展しましたが、転勤族でやってきてまた帰っていくというイメージの街だった。そこにサッカーJリーグのクラブチームができて、旧住民と新住民が一緒になって鹿島、鹿島と応援しているなかで地域ができていったということでした。

**御厨**　地域という意識が生まれると暴走族がいなくなったり、犯罪も減るというような意外なところにつながってくるようですね。まさに地域の安全、安心が実現するわけです。

**上山**　最近、私はお祭りと地域力、いわゆるソーシャルキャピタルの関係に注目しています。なぜなら、お祭りの準備で日ごろから男は男で、子どもは子どもで、奥さんは奥さんで集まって練習などをする。それが地震とか災害のときのいわゆるソーシャルキャピタルとして機能する。生活の智恵ですね。地域力イコールお祭りをやれる力であり、それが文化力とも言えます。

**御厨**　いろいろな応用動作がきいてくるんですね。何と言っても人と人のつながりが重要ですから。

**上山**　それにしても、みんなで誇りをもって集まれる核、地方独自のものが何か必要です。それはおそらく広い意味での文化でしょう。サッカーのように外から何かをもってきてもいいし、祭礼の復活のようにその土地にあるものをどんどん掘って磨けば皆で楽しめる。外にも発信できる。そういう発想が必要でしょうね。

## 地域の文化遺産がもつ文化力

**御厨**　NPO法人の市民創作「函館野外劇」の会は地域の文化遺産でもある函館五稜郭で実際に芝居をやり、それが国際的に有名になって、内外から人々が集まっています。函館在住のフィリップ・グロード神父が提案して市民ボランティアが動いて、国内で初めての市民史スペクタクルが生まれた。

**上山**　もともと地元にある文化遺産をうまく使うという着想は大事ですね。函館の場合、そこでいきなり海外に飛ぶところがすごい発想力ですね。

**御厨**　そこであまり厳格に考えすぎてはいけないんでしょうね。

**上山**　おもしろいじゃないか、あそこでやってみたらどうかということですね。幕末の外人居留地のなかで函館だけが唯一外人居留地区を区別しないで、ふつうの町中に外国人が住めた。いきなりあれだけ飛べるのは、そうした伝統が生きているのかもしれない。地域の文化を育てるときに外国文化を外からもってくるというのは、ひとつのヒントでしょうね。

**御厨**　地域が国際的に開かれるときの力はそうしたところにあり、行政とは直接は関係ないんでしょうね。

**上山**　滋賀県長浜市の黒壁の例もそうですね。古い昔の銀行の建物が壊されることになった。何とかしようとあわてて民間主導で会社を作った。おもしろいのはそのときのメンバーはみんなその地区の古い住民ではなく、周辺地区のビジネスマンだった。彼らがともかく守らなければとひと肌脱いだ。それで買い取ったが、建物を何に使っていいのかよくわからない。ある年配の方が思いついて、ヨーロッパのガラスでいこうと。そういう形で一気に飛躍し、成功したわけですね。「よそ者」というか、外の発想があって飛べた。

**御厨**　そうしたことが、地域の発想力の豊かさでしょうね。言葉は悪いですが、「よそ者」というのは大事ですね。いいだ人形劇フェスタの行政の担当者も地元出身ではありません。地元の人ではなかなか考えないかもしれないので、自分が行政に入って何かつなごうと思って、それで成功したんですね。

## 外国での体験を地域に生かす

**御厨**　先日のシンポジウムでお会いしておもしろかったのは愛知県犬山市議会議員のアンソニー・ビアンキさんですね。ニューヨークからやってきて、犬山市に住みついて議員になった。彼が議員になるだけでも、そもそも議員とは何だろうかと、みんなが考え始める。彼は一生懸命何か違うことを見つけてやろうとし、それに対して票が集まるわけですからね。政治の世界とか行政の世界も少しずつ変わり始めている。

**上山**　シンポジウムでも、「外国人をうまく活用する」という言葉が出てましたね。地元の人たちが自分たちの仲間うちだと直接言いにくいことを、ビアンキさんに言ってもらうといいと。彼が言っている内容はある意味で常識なんだけれども、仲間うちではそれがなかなか言えない。

**御厨**　外国人の常識が地域の常識になっていくという発想もおもしろいと思いました。

**上山**　国境を超えるというのもジャンプを生みますね。例えば地元の家元などの伝統文化の組織が行き詰まったときなど、海外公演をしてみる。すると若い人がリーダーになったり、英語のできる女性が全体を取り仕切る。これはチャンスですね。普段のピラミッド型の組織運営ではなくて、全然違うアプローチで楽しくできたりする。帰ってきて、組織運営のやり方が変わるとかいった経験があるんじゃないでしょうか。

**御厨**　そうですね。外国で受ける経験のなかでもう一度自分を位置づけ直すということもありますね。数年前に地域文化の担い手たちと研究会をやったときに、彼らの最大の悩みはみんな二代目だということでした。上には一生懸命築いてきた初代がいて、下には言うことを聞かない若者がいる。二代目はいわば両者に挟まれた中間管理職なんですね。そんな状況のなかで外に広がっていくとおもしろい。

また、同じ地域のなかでも、例えば木綿を使った伝統工芸が和紙の技術と提携してみると、そこで何かが一八〇度変わるんです。外へ開いていく努力をすると、中間管理職が急に元気になり、やれるという話になる。地域にすでにあるほかの要素と結ぶことと、そしてやはり海外へ出る。そういう変わり方みたいなものがありますね。

**上山**　そのプロデューシングを中間管理職の人がやると組織が収まる。

## 外国文化と身近な文化を混ぜてみる

**上山**　日本の素材を海外の素材でアレンジし直して、例えば、民謡をジャズ風にアレンジして、若者のジャズバンドが演奏してみる。もともと近いものだから案外おもしろい音楽ができるはずです。通常出合わないもの同士をぶつけてみる。音楽とかアートなどでは、いきなり外国人を連れてこなくても、そういう方法で新しい着想が出てくる。浅草サンバカーニバルもひとつの成功例だと思います。ある意味ではコテコテのイベントですが、浅草の気安さ、田舎くささにブラジルの感じが非常にマッチしている。

**御厨**　どこか田舎くさいけれども、ハイカラみたいなね。たぶん日本で一番受けるのはそこでしょうね。純粋に西洋のものをまねするのは駄目かもしれない。

**上山**　もっと身近なものを混ぜてみるということですね。日本自体がすでにいろいろ混ざっているわけですから。

**御厨**　越前の和紙ですが、最近成功したのは東京でのインスタレーションですね。伝統的な和紙工芸じゃなくて、和紙で全然違うものを作ってしまう。昔の和紙をやっている人々たちから見るととんでもないと思うんでしょうが、それで若者が戻ってくるという現象があるわけです。実際、商品化もでき、恵比寿などのお店で売られています。和紙を和紙として極めるのも大事ですが、何かと混ぜると現代の感覚に合うものもできて意外にいいかもしれない。そうすると越前にずっと閉じ込められていた文化が、そこでパッと広がってくる。

## 日本のチームワークが注目されている

**御厨**　地域力や地域文化にとっては、停滞は困りますね。同じものの繰り返しは駄目で、そこにどうやって常に新風を吹き込んでいくか。実際にはきついことでもあると思います。

**上山**　伝統芸能のなかでは歌舞伎は成功例でしょう。海外に行ったり、オペラと混ぜてみたり、あるいは個人としてタレント活動をやってみたり。

**御厨**　勘九郎がニューヨークに行って演じてみると、その街と意外にマッチしちゃったみたいな、ああいうことなんでしょうね。勘九郎自身がものすごく興奮してましたね。

**上山**　科学者やイチロー選手などのスポーツマンも含めて、日本人で飛び抜けた才能を持った個人がどんどん出始めています。日本人が企業の肩書きではなく個人の名前で海外で活躍する時代ですね。そして、次はおそらく「集団」、つまりお祭りチームなどが外に出て活躍する時代になるかもしれない。その先駆けがポケモンやスタジオジブリだろうと思います。あそこには日本風の物語性が入っています。それがだんだん海外でなじんでいく。ハリウッド映画では割り切れないような世界観のひとつ、今までイギリスやフランスの映画などが出してきた相対的なティストみたいなものが日本から出せる時期に来ていると思うんです。

太鼓がいま海外で評判ですが、それは集団的組織力、チームワークが受けているのでしょう。ヤンキースの松井秀喜選手が人気があるのも、彼がチームワーク重視の礼儀正しい日本人だからです。

**御厨**　アニメやマンガの世界は、まさにチームワークで、ひとりの人間が作っているというわけじゃないですしね。

**上山**　何人もが同じ顔を描けるわけですから、これはすごいチームワークです。海外では考えられない。ストーリー性というか、奥の深さにおいても全然違います。

**御厨**　勧善懲悪じゃないところですよね。

**上山**　世界の多くの文化はアメリカよりむしろ日本に近い。だんだん海外は日本のそういう潜在可能性に対し目を向け始めている。

## 日本のソフトパワーは普通の集団が担う

**御厨**　それが最近、ソフトパワーといわれるものでしょう。

**上山**　そうですね。日本のソフトパワーというと、従来は歌舞伎か生け花かという議論になりがちですが、今やスシやアニメ、スティールドラムなども含む総合力なんでしょうね。

**御厨**　普通の人が集団で出ていく。これはソフトパワーとしたら強いですね。お祭りをやっている人たちが出ていく。しかも、それが東京経由ではなくて、地域同士が直接つながったものが輻輳的にいくつもできる。パワーとしての重層性が生まれると、日本への理解もより進むでしょうね。

**上山**　企業のＴＱＣ（品質管理）運動などで実証されたように日本のソフトパワーはチームワークに尽きるわけで、そのあたりを意識して活動したほうがいいですね。だとすれば、今後は普通の町からチームで海外に行くという方向ですね。災害支援やスポーツの試合でもいい。日本人が海外に行って、何かやって帰ってくるのは日本の国際化のためにもいい。

**御厨**　それなら民間でもいろいろ支援できますね。この地域はこんな活動をしていますというマップがあれば、それを見ながら、自分の地域は何ができるかと考えられるわけで、そこにジャパンファウンデーションなどが支援する余地があると思います。集団をどうやって支えるかは、今後いっそう大切なテーマになっていくでしょうね。

# 国際交流基金　地域交流賞・地域交流振興賞過去受賞者一覧

凡例
■受賞年度
団体名／所在地
代表者（現在）
受賞理由

■1985（昭和60）年度

①（財）京都「国際学生の家」／京都府
理事長：稲垣 博
外国人留学生と日本人学生の共同生活の場の提供

②劇団文芸座／富山県
理事長：小泉 博
富山国際アマチュア演劇祭、富山国際高校演劇祭の開催

③南北海道国際交流センター
（現・（財）北海道国際交流センター）／北海道
代表理事：山崎 文雄
在日留学生を北海道の一般家庭に招き生活を共にする活動

■1986（昭和61）年度

④高萩国際交流の集い実行委員会
（現・高萩市国際交流協会）／茨城県
会長：岩倉 幹良
小都市市民と外国人留学生の交流促進活動

⑤（社）アジア協会・アジア友の会／大阪府
会長：柴田 俊治
アジア・アフリカの生活改善と開発への協力活動

⑥南方圏交流センター
（現・財団法人カラモジア）／鹿児島県
代表：肥後 隆志
鹿児島県を起点に「村おこし交流からの海外協力」としての草の根交流

■1987（昭和62）年度

⑦（財）京葉教育文化センター／千葉県
理事長：石丸 尚志
アジアの民衆レベルの交流活動

⑧（財）「母と学生の会」国際女子留学生センター／京都府
館長：河田 洋子
外国人女子留学生を学業・生活両面で支援

⑨金沢を世界へひらく市民の会／石川県
会長：下家 園子
外国人向けの日本語講座、ホームステイなど幅広い市民交流活動　※現在は解散

■1988（昭和63）年度

⑩（財）大内山塾／三重県
理事長：内山 正熊
中国人留学生を受入れ日本語習得と実学研修を物心両面で支援　※現在は解散

⑪（財）PHD協会／兵庫県
理事長：今井 鎮雄
村づくりに取り組むアジア・南太平洋の若手人材を育成

⑫広島アジア文化会館／広島県
館長：中田 政信
長年にわたってアジアからの留学生のための寄宿舎を運営　※現在は閉館

■1989（平成元）年度

⑬地球市民の会／佐賀県
会長：古賀 武夫
佐賀県を起点に様々な市民交流活動を実施

⑭準学校法人アジア学院／栃木県
理事長：田坂 興亜
アジア・アフリカ・中南米等の農村地域社会の中堅指導者を養成

⑮北海道国際婦人協会
（現・北海道国際女性協会）／北海道
会長：鈴木 美保
各種ボランティア活動を通じた世界の婦人との友好親善活動

■1990（平成2）年度

⑯庄内国際交流協会／山形県
会長：山口 吉彦
留学生と地域の若者達に拡がった国際交流

⑰浦安市国際交流協会／千葉県
会長：竹中 睦祐
幅広い市民が参加する多様な国際交流

⑱（社）富山県芸術文化協会／富山県
会長：平田 純
富山県下の芸術文化団体の提携による国際交流

■1991（平成3）年度

⑲神戸YMCAクロスカルチュラルセンター
（現・神戸クロスカルチュラルセンター）／兵庫県
所長：宮田 満雄
留学生のホストファミリー活動及び在住外国人の交流活動

⑳いっくら国際文化交流会／栃木県
会長：長門 芳子
ボランティアの人材育成及びホームステイ受入れ等の国際交流

㉑人形劇カーニバル飯田実行委員会（現・いいだ人形劇フェスタ実行委員会）／長野県
実行委員長：高松 和子
国内外の人形劇団と市民の交流による文化振興

■1992（平成4）年度

㉒アジア・太平洋こども会議・イン福岡実行委員会／福岡県
理事長：田中 浩二
アジア・太平洋諸国から約100名の子供を招待して行う各種交流事業

㉓「茨城アジア教育基金」を支える会／茨城県
会長：鎌田 恭子
ボランティアによるタイ東北部の児童への教育基金運営及び支援活動

㉔（財）岩手国際理解推進協会／岩手県
理事長：上机 莞治
外国人英語教師の招聘、田野畑村を核とした国際理解教育と国際交流事業の推進

■1993（平成5）年度

㉕置賜百姓交流会／山形県
事務局代表：小関 秀一
「自然と人間の共生」「地域文化の再考・保存」をテーマとした国内外の農民との継続的な人的交流活動

㉖（社）熊本たけのこ会／熊本県
理事長：塘添 亘男
国内外における、市民有志の人形劇公演

㉗（社）長野国際親善クラブ／長野県
会長：小出 博治
市民レベルでの海外諸都市との交流事業と地域住民対象の外国語講座運営

■1994（平成6）年度

㉘アース・セレブレーション実行委員会／新潟県
実行委員長：島崎 信
太鼓グループ「鼓童」と協力し佐渡において国際的な太鼓フェスティバルを開催

㉙関西国際交流団体協議会／大阪府
理事長：枡居 伸子
関西一円の民間国際交流団体からなるネットワークを組織

㉚（財）たんぽぽの家／奈良県
理事長：播磨 靖夫
国境を超えた障害者の音楽交流を実現しアジアに障害者の国際交流ネットワークを形成

■1995（平成7）年度

㉛秋田県国際交流をすすめる婦人の会
（現・秋田県国際交流をすすめる女性の会）／秋田県
会長：見上 裕子
外国人花嫁を対象とした日本語教室活動と在日留学生に対する支援活動

㉜からす川音楽集団／群馬県
団長：児玉 健一
学校や福祉施設での定期演奏活動、諸外国においての文化協力事業

㉝智頭町活性化プロジェクト集団／鳥取県
議長：前橋 登志行
国際交流と科学を軸とした地域の活性化・国際化を目的として様々なプロジェクトを展開

＊理事長特別表彰

㉞多文化共生センター
（旧・外国人地震情報センター）／大阪府
理事長：阿部 一郎
ボランティア活動のネットワークの中心となって在住外国人に地震の情報を提供

■1996（平成8）年度

㉟JVC山形
（日本国際ボランティアセンター山形）／山形県
代表：枝松 直樹
外国人花嫁に対する日本語教育、電話相談などの支援、国際理解協力活動

㊱メイ（MAY）文庫／埼玉県
代表理事：尾池 富美子
児童絵画の交換を通じたマレーシアと日本の児童の交流

㊲長崎県世界青年友の会
（面白ちんぐ倶楽部）／長崎県
会長：福喜 哲史
マレーシアからのホームステイ受入れなど、多彩な国際交流事業を手段とした離島における地域おこし活動

■1997（平成9）年度

㊳国際都市仙台を支える市民の会（ICAS）／宮城県
代表：氏家 洋子
留学生とその家族を中心とした在住外国人との交流活動

㊴とこなめ国際やきものホームステイ実行委員会／愛知県
代表委員：佐藤 融
陶芸のワークショップを通じ海外からの参加者と常滑市内の一般家庭とのホームステイを軸とした交流を企画

㊵太鼓集団 蒲生郷太鼓坊主／鹿児島県
世話役：田中 久嗣
太鼓の演奏を通じた韓国、ニュージーランド、シンガポール等との交流活動

■1998（平成10）年度

㊶札幌こどもミュージカル育成会／北海道
会長：細川 眞理子
創作ミュージカルの公演を通じた青少年のポーランドとの交流活動

㊷藤沢町国際交流協会／岩手県
会長：藤本 秀雄
オーストラリア、フィジー等との交流活動

㊸ミティラー美術館／新潟県
館長：長谷川 時夫
インド民族画の展示や画家の招へいを通じ地方を舞台とした国際文化交流を推進

■1999（平成11）年度

㊹（財）おはなしきゃらばんセンター／東京都
理事長：廣澤 眞信
人形劇公演やお話の読み聞かせによる東南アジアと日本の子供たちに対する識字教育、国際理解教育の実践

㊺いなみ国際木彫刻キャンプ実行委員会／富山県
会長：清都 邦夫
地元の木工芸の伝統を生かして町ぐるみの国際木彫刻キャンプを開催

㊻琉球國祭り太鼓／沖縄県
会長：照屋 辰弘
沖縄の民俗芸能であるエイサーを基本にした創作舞踊の公演と普及活動

■ ２０００（平成12）年度

㊼江差追分会／北海道
会長：濱谷 一治
江差追分の海外公演、世界追分祭の開催など地域の文化に立脚した交流活動

㊽栃工高国際ボランティアネットワーク／栃木県
教諭：小倉 幹宏
地域の様々な団体と連携して中古の車イスを修理し海外に寄贈するという工業高校の特徴を生かした活動

㊾玄海人クラブ／佐賀県
代表：兪 華濬（ユ・ファジュン）
佐賀県有田町を拠点に地方を舞台にした日韓の間の幅広い交流事業

■ ２００１（平成13）年度

㊿財団法人豊田市国際交流協会／愛知県
理事長：豊田 彬子
市民ボランティア主導で外国人集住地域における多文化共生という課題に取り組む活動

(51)八日市大凧保存会／滋賀県
会長：山田 敏一
八日市大凧の保存継承活動を核としつつ凧を通じて世界各国と交流

(52)社会福祉法人こころの家族特別養護老人ホーム故郷の家／大阪府
理事長：尹 基（ユン・ギ）
在日コリアンの老人ホームにおいて地域住民との触れ合いの場を提供し日韓相互理解促進に貢献

■ ２００２（平成14）年度

(53)劇団あしぶえ／島根県
代表：園山 土筆
地域住民と一体となった国際演劇祭の開催を通じて地域の活性化に貢献

(54)高知市立高知商業高校生徒会／高知県
校長：桝井 正持
商業高校生ならではの模擬株式会社運営によるラオス学校建設支援と地元経済の活性化に貢献

(55)特定非営利活動法人たかとりコミュニティセンター／兵庫県
代表：神田 裕
震災後の救援活動から発展した、多文化共生のまちづくりを目指すＮＧＯの集合体

■ ２００３（平成15）年度

(56)アーティスト・イン・レジデンス「美濃・紙の芸術村」実行委員会／岐阜県
実行委員長：石川 道政
美濃和紙を素材とする海外のアーティストたちの創作と滞在を支援し、地域に新たな活力を創造

(57)武生国際音楽祭推進会議／福井県
理事長：上木 雅晴
市民ボランティアの情熱に支えられた、市民手作りの世界的レベルの現代音楽を中心とした音楽祭

(58)北方圏国際シンポジウム実行委員会／北海道
委員長：青田 昌秋
「流氷」を地域の知的資源とし、国内外の研究者が集まってのシンポジウムを市民が支え、地域の風土を見直す活動

■ ２００４（平成16）年度

(59)戸沢村国際交流協会／山形県
会長：芳賀 欣一
韓国農村との草の根交流を契機として結成。その後、農業後継者を求めて国際結婚がすすんだこの地域で、国際交流を通じた地域づくりと地域経済の活性化や地域ブランドの確立に取り組んでいる

(60)特定非営利活動法人セカンドハンド／香川県
代表：新田 恭子
チャリティーショップを経営。市民から提供された衣類や生活用品の全収益を利用しカンボジアでの学校や職業訓練所の建設を支援。地元の中高生も刺激を受け「学生部小指会」を結成し、学校建設に貢献している

(61)長崎国際交流塾／長崎県
塾長：牛嶋 洋一郎
長崎市の文化財である東山手地区の洋館「地球館」を拠点とし、留学生たちが日替わりで料理を提供する「ワールドフーズレストラン」や、留学生が修学旅行生の観光ガイドや母国の文化を紹介する「逆ホームビジット型国際交流プログラム」など、互いの文化を理解する機会を作っている

3 15 41 47 58
31
24 42
16 25 35 59
28 43
38
18 2 45
9
1 8
51
14 20 48
4 23
32
21 27
36
11 19 55
57
33
53
56
44
13 49
12
7 17
30
10
39 50
22
54
60
26
5 29 34 52
36 61
6 40
46

写真提供

長崎国際交流塾／p.19,21

いっくら国際文化交流会／pp.22-23,25,33

いいだ人形劇フェスタ実行委員会／pp.35-36

アーティスト・イン・レジデンス美濃・紙の芸術村実行委員会／pp.46-49,59-61

アジア太平洋子ども会議イン・福岡／p65,83-85

高知市立高知商業高校生徒会／pp.91-93,97

地球市民の会／p.99,101

智頭町活性化プロジェクト集団／p.159

関西国際交流団体協議会／pp.161-163

関 暁／p.168,171,173

**クロスボーダー宣言**――国際交流を担う地球市民たち

二〇〇五年一二月二五日　第一刷発行©

企画・制作＝国際交流基金
発行者＝鹿島光一
印刷・製本＝創栄図書印刷

発行所＝鹿島出版会
一〇〇-六〇〇六
東京都千代田区霞が関三丁目二番五号　霞が関ビルディング六階
電話　〇三(五五一〇)五四〇〇
振替　〇〇一六〇-二-一八〇八八三



ISBN4-306-08507-4 C0036
本書の内容に関するご意見・ご感想は下記までお寄せください。
URL: http: //www.kajima-publishing.co.jp
e-mail: info@kajima-publishing.co.jp